中國典籍日本注釋叢書・論語卷

張培華 編

論語徵集覽

[日] 松平賴寛 撰

下

論語徵集覽卷之十三

魏　何晏　集解
宋　朱熹　集註
大日本　藤維楨　古義
物茂卿　徵
從四位侍從源賴寬　輯

子路第十三

子路問政子曰先之勞之請益曰無倦

古孔安國曰先導之以德使民信之然後勞之易曰說以使民民忘其勞孔安國曰子路嫌其少故請益曰無倦者行此上事無倦則可

新 蘇氏曰：凡民之行，以身先之，則不令而行；凡民之事，以身勞之，則雖勤不怨。」吳氏曰：勇者喜於有爲而不能持久，故以此告之。○程子曰：子路問政，孔子既告之矣，及請益，則曰無倦而已，未嘗復有所告，姑使之深思也。

古義 治民在於先修其身，使民在於躬勤其事。」爲政之道，先之勞之二言盡之矣，故及其請益，以無倦告之。胡氏炳文曰：子張堂堂，子路行行，皆易銳於始而怠於終，故答其問政，皆以無倦告之。子張少誠心，故又加之以忠。」道在邇而事在易，故知道者不求諸遠而必求諸邇，不求諸難而必求諸易。知其要在此而不可易也。以身先之則民勸矣，否則事廢；以身勞之則効速矣，否則功不成。若夫子之言，可謂邇且易也。然勤而不倦焉，則治必定，功必成矣。其要唯在堪煩積久，不求近効。若求近効，則怠心必生，前功盡廢。故及子路請益，唯曰無倦，眞藥石也哉。

徵 文武之政，在於方策，豈待問乎。故諸人問政，皆

易兌彖使作先

非爲其異日從政而預問之也其人方從政而問其所當務也故孔子答之亦非泛言從政之道也皆隨其人其時及其所治之土各殊焉故讀者當據其文義以觀孔子所以答之之意可也如先之勞之極難讀耳孔安國曰先導之以德使民信之然後勞之易曰說以使民民忘其勞其意極美然先之勞之二者對言而安國一之且用功全在先之之爲不穩矣朱子謂以身先之以身勞之似矣但加以身二字義始通矣且謂勤爲勞似非古義矣蓋政必有所先之謂勿遽也則民不驚矣勞去聲

政必有所勞之。如勞來之勞。則民不怨矣。蓋子路勇於義。如以身先之。以身勞之。皆其所素能。則孔子未必以此告之也。大氐勇於義之人。以己視民。必有發政不以漸。而遽責其從己者。故曰先之。又必有以義責民而不恤其勞苦者。故曰勞之。無倦云者。亦非謂從事先勞而不倦也。亦如答子張居之無倦焉。

答子張見前篇

仲弓爲季氏宰。問政。子曰。先有司。赦小過。擧賢才。曰。焉知賢才而擧之。曰。擧爾所知。爾所不知。人其舍諸。

古 王肅曰。言爲政當先任有司。而後責其事。孔安國曰。汝所不知者。人將自擧其所知。則賢才無遺。

新有司衆職也宰兼衆職然事必先之於彼而後考其成功則已不勞而事畢舉矣過失誤也大者於事或有所害不得不懲小者赦之則刑不濫而人心悅矣賢有德者才有能者舉而用之則有司皆得其人而政益修矣」仲弓慮無以盡知一時之賢才故孔子告之以此程子曰人各親其親然後不獨親其親仲弓曰焉知賢才而舉之子曰舉爾所知爾所不知人其舍諸便見仲弓與聖人用心之大小推此義則一心可以興邦一心可以喪邦只在公私之間爾（）范氏曰不先有司則君行臣職矣不赦小過則下無全人矣不舉賢才則百職廢矣失此三者不可以爲季氏宰况天下乎

古義有司屬吏也宰衆職所視傚故躬先率作則下無廢職」過失誤也赦之則人得舒展而衆心悅」舉賢才則人有所勸而政治明」仲弓謙言吾明不足以知人之賢否所交亦不廣安知賢才而舉之夫子言且舉爾所知者苟實好賢而欲舉之則爾所不知者亦將有人以舉之而自無遺賢矣」此三者爲政之大要也夫上者下之綱也綱不舉則目自弛上無所倡則下必怠故以先有司先之過誤

不宥則刑罰濫而衆心畔故赦小過次之賢才國家之所倚賴苟不舉之則家扰不可治況國乎況天下乎故欲治天下者當與天下之人共治之欲治一國者當與一國之人共治之欲治一家者當與一家之人共治之仲弓知專求於己而不知與人共焉苟不與人共則季氏小邑猶不可治況天下乎此所以舉賢才而終之也」論曰夫以無人材爲憂者庸主之通患也天下之廣不患無人材不在於上必在於下不在於朝必在於野苟好賢甚則群賢彙征如拔茅茹豈有無人材之患乎嗚呼若夫子之言意直心廣足以牢籠天下之人材尚何無人材之爲患哉郭隗說燕昭王意近之

徵 先有司。王肅曰。言爲政當先任有司而後責其事。朱子因之。仁齋曰。宰。衆職所視效。故躬先率作。則下無廢職。大非聖賢相傳之意。元首叢脞哉。見于書。凡爲人上者。所重在委任其下矣。亡論其庸駑。後世有意於治者皆喜用己才智而不任人才。
是萬世通弊焉其病蓋在小矣觀於下文焉知賢
才而舉之則雖仲弓亦有未免此病者故先有司
從古註爲是夫宰誠衆職所視效也衆職所視效
則以德率之是古今通義也仁齋乃曰率作又曰。
上無所倡則下必怠此賈人之家。其老奴率群奴
之事耳鄙哉

子路曰衛君待子而爲政子將奚先子曰必也正名
乎子路曰有是哉子之迂也奚其正子曰野哉由也
君子於其所不知蓋闕如也名不正則言不順言不

順則事不成事不成則禮樂不興禮樂不興則刑罰不中刑罰不中則民無所措手足故君子名之必可言也言之必可行也君子於其言無所苟而已矣

古 包氏曰問往將何所先行」馬融曰正百事之名」包氏曰迂猶遠也言孔子之言遠於事」孔安國曰野猶不達」包氏曰君子於其所不知當闕而勿據今由不知正名之義而謂之迂遠」孔安國曰禮以安上樂以移風二者不行則有淫刑濫罰」王肅曰所名之事必可得而明言所言之事必可得而遵行

新 衛君謂出公輒也是時魯哀公之十年孔子自楚反乎衛」是時出公不父其父而禰其祖名實紊矣故孔子以正名爲先謝氏曰正名雖爲衛君而言然爲政之道皆當以此爲先」迂謂遠於事情言非今日之急務也」野謂鄙俗責其不能闕疑而率爾妄對也」揚氏曰名不當其實則言不順言不順

則無以考實而事不成」范氏曰事得其序之謂禮物得其和之謂樂事不成則無序而不和故禮樂不興禮樂不興則施之政事皆失其道故刑罰不中」程子曰名實相須一事苟則其餘皆苟矣○胡氏曰衛世子蒯聵恥其母南子之淫亂欲殺之不果而出奔靈公欲立公子郢郢辭公卒夫人立之又辭乃立蒯聵之子輒以拒蒯聵夫蒯聵欲殺母得罪於父而輒據國以拒父皆無父之人也其不可有國也明矣夫子爲政而以正名爲先必將具其事之本末告諸天王請于方伯命公子郢而立之則人倫正天理得名正言順而事成矣夫子告之之詳如此而子路終不喻也故事輒不去卒死其難徒知食焉不避其難之爲義而不知食輒之食爲非義也

【古義】衛君謂出公輒」名者實之表名一違則其實畢差故政以正名爲先」迂猶遠也言非今日之急務」責子路不能闕疑蓋君子以知爲知不知爲不知而不質言之」此言名不正之弊也事不成猶曰不成事體蓋百事順成而後禮樂可興若事不成則禮樂不興而政治乖繆刑罰不中」此言名之不

可不正也於其言猶云於其名稱也」爲政固多術矣然在衛國則莫急於正名若名一不正則下五者流弊自至百不可爲方是時衛世子蒯聵恥其母南子之淫亂欲殺之不果而出奔靈公欲立公子郢郢辭公卒乃立蒯聵之子輒以拒蒯聵輒乃仇其父而禰其祖名之不正孰甚焉孔子正名之言在是時實爲急務」論曰冉有曰夫子爲衛君乎子貢曰諾吾將問之入曰伯夷叔齊何人也曰古之賢人也出曰夫子不爲也而觀此章則夫子亦非不爲輒者蓋子貢之言語其常也佛肸弗擾之召夫子皆欲往此聖人不棄物之仁也向使輒誠心以待之虛已以委之則夫子豈不可助之乎正名之舉亦豈有難爲者乎胡氏以爲夫子爲政必將告諸天王請于方伯命公子郢而立之其論正矣而非人情不可從也中庸曰君子不動而敬不言而信不賞而民勸不怒而民威於鈇鉞蓋聖人神化之妙不可以言議意測之也

徵 必也正名乎○言必使我爲政○則正名爲先也○有

是哉子之迂也蓋時人有以孔子爲迂者子路始以爲不然今聞孔子之言而謂誠有如時人之言者也禮樂不興聖人之治必用禮樂孔子嘗曰魯衛之政兄弟也衛此時禮樂尚在而廢墜不舉猶如魯耳使孔子爲政必興之而自正名始苟不正名禮樂不可興故謂子路野哉者爲禮樂故也蓋名不正言不順事不成者它人或能言之而禮樂不興刑罰不中非孔子不能言之也出公仇其父禰其祖父而名以仇祖而名以禰名不正也告廟以子自稱如昭穆何告鄰國以子人孰識之以孫

則内外異稱拒其父命國中興師將以何號令皆言不順也於是乎祭祀賓旅朝聘軍旅事皆廢事不成也先王禮樂孝莫尚焉孝道不立禮樂不可得而興也先王之禮樂爲民立防隄防不立放辟邪侈之行生焉非嚴刑則不可得而治焉故刑罰不中民無所措其手足也此勢之所至豈不然乎宋儒不知禮樂徒以序和爲說可謂空言已

樊遲請學稼子曰吾不如老農請學爲圃曰吾不如老圃樊遲出子曰小人哉樊須也上好禮則民莫敢不敬上好義則民莫敢不服上好信則民莫敢不用

情夫如是則四方之民襁負其子而至矣焉用稼

【古】馬融曰樹五穀曰稼樹菜蔬曰圃」孔安國曰情情實也言民化上各以實應」包氏曰禮義與信足以成德何用學稼以教民乎負者以器曰襁

【新】種五穀曰稼種蔬菜曰圃」小人謂細民孟子所謂小人之事者也」禮義信大人之事也好義則事合宜情誠實也敬服用情蓋各以其類而應也襁織縷為之以約小兒於背者○揚氏曰樊遲遊聖人之門而問稼圃志則陋矣辭而闢之可也待其出而後言其非何也蓋於其問也自謂農圃之不如則拒之者至矣須之學疑不及此而不能問不能以三隅反矣故不復及其既出則懼其終不喻也求老農老圃而學焉則其失愈遠矣故復言之使知前所言者意有在也

【古義】種之曰稼斂之曰穡圃種菜之處」小人謂細民」禮以別上下辨貴賤故民敬」義以制可否明取舍故民服」情猶實也信以剗虛偽黜浮飾故民用情實」襁織縷為之廣八寸長丈二以約小兒於背」

多能鄙事子罕篇

漢文事見賈誼傳李商隱詩可

禮義信三者大人之事也蓋上好之則下亦以類而應速於桴皷疾於置郵可以皷舞萬民可以風動四方第患好之不篤耳若夫營心細務而不知道以維持天下者乃世俗之所務而非聖門之所謂學也夫子不面責其非而必待其出而言者蓋面責其非則彼固不得不從然或恐拂其意而聽信之不篤彼若聞夫子竊議己之非則羞惡之心生於內而悔悟親切自改之也必矣是亦夫子之仁也論曰聖門之學經世之學也古之聖賢隱於漁釣者有矣隱於版築者有矣若稼圃之事固士之所不羞爲者然在孔孟則鄙樊遲稼圃之問斥陳相並耕之說專以繼往聖開来學爲教濟天下立綱常爲道若版築漁釣之事固不得已之事也可知遯世爲高者非知孔孟之心者也

徵 孔子多能鄙事。方其不仕家居。而家人有以稼圃稟者。孔子或指授其一二。必有常人不及者。故樊遲請學之。其失亦如漢文不問蒼生問鬼神焉。

憐夜半虛前席不問蒼生問鬼神

孔子所以不答也。然其意則如包咸說。曰禮義與信。足以成德。何用學稼以教民乎。觀於四方之民襁負其子而至矣。則包咸得之。昔在唐虞。后稷勤稼穡。孔子何以謂之小人也。蓋唐虞立民極。則壤定賦。立萬世之法。非稷益不能焉。如春秋時所乏君子之人。而樊遲乃不君子是學。而學細民之事。豈不謬乎。且稼穡瑣事。人皆諳練。豈如上古時哉。若夫窮阨之民。或昧其事。苟擇其人任之。何必躬教之也。大氐後世精藝殖者。多爲其君殖利。已其志卑。不知君子之道故也。仁齋引古聖賢隱於漁釣版築。而以樊遲爲遯世自高者。吁遯世爲高者。豈學稼圃哉。孔子曰。四方之民襁負其子而至矣。何問答之不相值也。上好義則民服。措置當故也。用情云者謂不匿其情也。情如軍情病情之情。民之所以難治者。以其情不可識也。其情所以不可識者。以疑其上也。所以疑其上者。以上無信也。故曰。上好信則民莫敢不用情。又孔子多不面斥其非。待其出而言者。師嚴而友親。故使朋友傳其言。禮爲爾。

子曰誦詩三百授之以政不達使於四方不能專對

雖多亦奚以爲

【古】專猶獨也

【新】專獨也詩本人情該物理可以驗風俗之盛衰見政治之得失其言温厚和平長於風諭故誦之者必達於政而能言也〇程子曰窮經將以致用也世之誦詩者果能從政而專對乎然則其所學者章句之末耳此學者之大患也

【古義】專獨也言政大事也使難事也讀詩而有得則達於政而能使事也」詩之用廣矣可以興可以觀可以群可以怨可以興則足興好善惡不善之心可以觀則足察人情識事變可以群則温厚和平之心生可以怨則乖戾褊急之心消好善惡不善則爲政之本立矣察人情識事變則爲政之用備矣温厚和平之心生則得盡其言乖戾褊急之心消則與物不忤故可以達於政可以奉使獨對也〇程子曰窮經將以致用也世之誦詩者果能從政而專對乎然則其所學者章句之末耳此學

者之大患也

徵 專對何晏曰專猶獨也雖多亦奚以爲以訓用言其無所用詩也孔子曰不學詩無以言故不能專對不善學詩者也聘禮記曰辭無常鄭玄註大夫使受命不受辭是使四方所以貴能專對也朱子曰詩本人情該物理可以驗風俗之盛衰見政治之得失其言溫厚和平長於風諭故誦之者必達於政而能言也可謂善解已然朱子之解詩以義理故此曰本人情言主人情而教義理是其所以下本字也其意謂非義理不可以爲教故不能

詩書義之府數見

書道政事莊子已見

離義理而解詩矣。是不知詩者也。夫詩悉人情。豈有義理之可言乎。然古所以謂詩書義之府者何也。古之所謂義者。殊於朱子所謂義焉。蓋書者聖賢格言。詩則否。其言無可以爲教者焉。然悉人情莫善於詩。故書正而詩變。非詩則何以善用書之義乎。故所以謂詩書義之府者。合詩書而言之也。如書道政事。然必學詩。而後書之義神明變化。故孔子謂達於政者亦於此焉。大氐詩之爲言。零零碎碎。繁繁雜雜。凡天下之事。莫不言者。唯詩耳。凡天下之理。莫不知者。亦唯詩耳。是豈理學者流所

人之二句詩鄘風鶉之奔奔篇人而二句相鼠篇取彼四句小雅巷伯篇讒人二句青蠅篇知我二句苕之華篇

能知哉故朱子所謂該物理者亦唯指草木鳥獸耳如驗風俗之盛衰見政治之得失豈不可乎然亦終異於知詩者所驗見已至於其言温厚和平者則大不然矣如人之無良我以爲兄人而無禮胡不遄死取彼譖人投畀豺虎豺虎不食投畀有北讒人罔極搆我二人知我如此不如無生類豈温厚和平哉是朱子見經解其爲人也温柔敦厚詩教也而爲此言耳殊不知經解之言語學詩而成德者已非謂詩也學詩者之温柔敦厚爲悉性情故也如長於風諭豈啻詩乎亦在用之者焉是

禮樂得於身禮記

朱子之所不知也。學者察諸。

子曰其身正不令而行其身不正雖令不從

【古】令教令也

新註無

【古義】此聖賢治人之常法不如此而能治人者未之有也蓋先王之治詳于德而略于法知法之不足恃也孟子曰人有恒言皆曰天下國家天下之本在國國之本在家家之本在身故能修其本則末自從之天下無難爲者故聖人論治平之道其言每皆甚易而近者蓋爲此也

【徵】古書所謂身。皆謂己也。對人對事而言。如其身正。不令而行。對人者也。禮樂得於身。對事者也。身心似相對。唯大學耳。然實不然也。宋儒動以身心

苟非其人道不虛行易繫辭

內聖外王莊子天下篇

相對立工夫浮屠之學也。學者察諸。又凡言正邪者。以先王之道言之者也。取諸其臆以爲正。何以能合先王之道也。孟子以規矩準繩爲喻。取正於先王也。此章之言。亦苟非其人道不虛行之意。若使無道乎。則其身雖正。亦不可行矣。何則。孔子之時。先王之道雖亡乎猶在。故特言此以責人君己。後儒不知先王之道也。徒睹此等之言。動求諸己。內聖外王之說。所以興也。學者察諸。

子曰魯衛之政兄弟也

古 包氏曰魯周公之封衛康叔之封周公康叔旣爲兄弟康叔睦於周公其國之政亦如兄弟

魯一變雍也篇

左傳襄公二十九年季札曰衛多君子

新 魯周公之後衛康叔之後本兄弟之國而是時衰亂政亦相似故孔子嘆之

古義 魯周公之後衛康叔之後本兄弟之國而是時二國雖衰亂之甚然猶有二公之遺風故曰兄弟也亦魯一變至於道之意其在當時誰謂齊晋之強不如魯衛之弱然魯後齊晋而亡衛之子孫至漢猶在則王澤之遠亦不可誣也聖人之言可信也夫

徵 魯衛之政兄弟也仁齋先生曰亦魯一變至於道之意可謂善解論語已蓋孔子去魯而居衛之日獨多門人亦多衛人而衛多君子豈不然乎竊疑大學亦衛人作故其書動引康誥以及淇奧也

子謂衛公子荆善居室始有曰苟合矣少有曰苟完

矣富有曰苟美矣

古 王肅曰荆與蘧瑗史鰌並爲君子

新 公子荆衛大夫苟聊且粗略之意合聚也完備也言其循序而有節不以欲速盡美累其心○揚氏曰務爲全美則累物而驕吝之心生公子荆皆曰苟而已則不以外物爲心其欲易足故也

古義 公子荆衛大夫合聚也完備也朱子曰言其循序而有節不以欲速盡美累其心此夫子稱公子荆以示居室之道也○朱氏曰常人居室不極其華麗則擱傾壁倒全不理會子荆自合而完而美循循有序而又皆曰苟而已初不以此累其心故聖人稱之

徵 善居室居者如居貨之居室者如左傳奪其室之室蓋謂家財也凡百器財服玩車馬奴僕合名爲室何註無解邢疏猶曰善居室者言居家理也

左傳昭公十三年

朱子曰見大全注

朱子曰。常人居室。不極其華麗。則墻傾壁倒。全不理會。可謂不知古言已。有者。謂貯有之也。如有國家有天下之有。始有者。有之始基也。少有者。有之稍備也。富有者。有之富完也。始有者未合。故曰苟合之矣。少有者合而未完。故曰苟完之矣。富有者完而未美。故曰苟美之矣。美者。謂有文采也。孔子之所善。在不遠而不在不欲。朱子以不欲爲解。大氐後儒義利之辨大過耳。

子適衛冉有僕子曰庶矣哉冉有曰既庶矣又何加焉曰富之曰既富矣又何加焉曰教之

【古】孔安國曰孔子之衛冉有御」孔安國曰庶衆也言衛人衆多

【新】僕御車也」庶衆也」庶而不富則民生不遂故制田里薄賦斂以富之」富而不教則近於禽獸故必立學校明禮義以教之○胡氏曰天生斯民立之司牧而寄以三事然自三代之後能舉此職者百無一二漢之文明唐之太宗亦云庶且富矣西京之教無聞焉明帝尊師重傅臨雍拜老宗戚子弟莫不受學唐太宗大召名儒增廣生員教亦至矣然而未知所以教也三代之教天子公卿躬行於上言行政事皆可師法彼二君者其能然乎

【古義】僕御車也」庶衆也」民不至匱乏則老幼得其養而民生遂」民知孝弟之義則上下得其所而民心正」此見聖人仁天下之心也夫子適衛見其庶而嘆之蓋有悅其國無沴戾生齒繁殖故及冉有之問而欲富之而教之也人之生也既庶矣而不富之則民無恒產因無恒心故加之以富既富矣而不教之則父不父子不子兄不兄弟不弟違於禽獸幾希故加之以教夫庶矣而不知富之則是

以草芥視之也富矣而不知教之則是以禽獸畜之也豈聖人仁天下之心哉

徵 胡氏曰。三代之教。天下公卿躬行於上。言行政事、皆可師法。豈非哉。亦不知其事已。朱子曰。必立學校明禮義以教之。豈非哉。亦謂餼稟生員講解義理已。殊不知學校行禮之所。明禮義亦以禮樂明之。是宋儒所不知也。况仁齋乎。學者察諸。

子曰苟有用我者期月而已可也三年有成

古 孔安國曰言誠有用我於政事者期月而可以行其政教必三年乃有成功

新 期月謂周一歲之月也可者僅辭言綱紀布也有成治功成也。尹氏曰孔子歎當時莫能用己也故云然愚按史記此蓋爲衛靈公不能用而發

古義 朞月謂周一歲之月也許氏謙曰朞月而可謂興衰撥亂綱紀粗立三年有成謂治定功成治道大備此蓋夫子爲門人釋其疑也當時佛肸之召夫子嘗欲往公山弗狃之召夫子又欲往門人多疑之故言此以明其意當與後篇吾其爲東周乎章參看

徵 朞月而已可也已訓既世多以而已爲耳非矣蓋先王之政有月令焉可見未周朞則施設猶有未周者也古者居官皆三年一考可見三年而必成也但所謂三年者再朞耳再朞而成豈不速乎世儒不知出於此故其解皆空言耳

子曰善人爲邦百年亦可以勝殘去殺矣誠哉是言也

善人不踐迹見先進篇

古王肅曰勝殘殘暴之人使不爲惡也去殺不用刑殺也」孔安國曰古有此言孔子信之

新爲邦百年言相繼而久也勝殘化殘暴之人使不爲惡也去殺謂民化於善可以不用刑殺也蓋古有是言而夫子稱之程子曰漢自高惠至于文景黎民醇厚幾致刑措庶乎其近之矣○尹氏曰勝殘去殺不爲惡而已善人之功如是若夫聖人則不待百年其化亦不止此

古義爲邦百年言相繼而久也勝殘化殘暴之人使不爲惡也去殺不用刑殺也」古有此言孔子善之」夫子言勝殘去殺乃非以善人仁厚之至而百年相繼之久則不能非可旦夕奏其效也故曰誠哉是言也是非卑善人而遜其化蓋門人記之以起下章之意

徵善人爲邦百年亦可以勝殘去殺矣誠哉是言也○孔安國曰古有此言○孔子信之○是矣○然孔子必有所指○豈謂楚先君邪○善人不踐迹則不用禮樂

之教故其化遲耳。

子曰如有王者必世而後仁

古 孔安國曰三十年曰世如有受命王者必三十年仁政乃成

新 王者謂聖人受命而興也三十年爲一世仁謂教化浹也程子曰周自文武至于成王而後禮樂興卽其效也○或問三年必世遲速不同何也程子曰三年有成謂法度紀綱有成而化行也漸民以仁摩民以義使之浹於肌膚淪於骨髓而禮樂可興所謂仁也此非積久何以能致

古義 世者指其世而言此承上章之意而言謂之必世則非子孫相繼之比謂之仁則亦非止勝殘去殺而已蓋王道以仁爲本一夫不得其所非仁也一物不得其所非仁也上自朝廷及於海隅之遠歡欣愉悅合爲一體百官都俞吁咨於上黎民相愛相安於下融如溢如莫不自涵濡於王澤之中是仁之至王道之成也

文王之所以爲文中庸

徵如有王者必世而後仁。孔安國曰三十年曰世。是古來相傳之說也。仁齋先生疑之而曰世者指其世而言。果其說之是乎後字衍矣。可謂好奇已。仁者謂禮樂之化洽也。程子曰周自文武至於成王而後禮樂興。非矣。文王之所以爲文。語禮樂也。豈待成王也。然古亦曰周公制作禮樂者。語其備也。故古稱文武周公皆聖人者。以作者也。善人與王者之分。在踐迹與不踐已。

子曰苟正其身矣於從政乎何有不能正其身如正人何

左傳襄公二年子罕當國子駟爲政

古新無註

【古義】饒氏魯曰從政與爲政不同爲政是人君事從政是大夫事夫子此言蓋爲大夫而發」此又言治人之常道故編論語者不厭其屢見而數出也

【徵】饒氏魯曰從政與爲政不同爲政是人君事從政是大夫事非矣爲政者謂秉政也左氏春秋可

徵

冉子退朝子曰何晏也對曰有政子曰其事也如有政雖不吾以吾其與聞之

【古】周生烈曰謂罷朝於魯君」馬融曰政者有所改更匡正」馬融曰事者凡行常事」馬融曰如有政非常之事我爲大夫雖不見任用必當與聞之

【新】冉有時爲季氏宰朝季氏之私朝也晏晚也政國政事家事以用也禮大夫雖不治事猶得與聞國政是時季氏專魯其於國政蓋有不與同列議於公朝而獨與家臣謀於私室者故夫子爲不知者而言此必季氏之家事耳若是國政我嘗爲大夫雖不見用猶當與聞今既不聞則是非國政也語意與魏徵獻陵之對略相似其所以正名分抑季氏而教冉有之意深矣

【古義】冉有時爲季氏宰朝季氏之私朝」晏晚也」以用也古者大夫雖致仕國有大政必與聞之」在君爲政在臣爲事是時季氏專魯其於國政蓋有不與同列議於公朝而獨與家臣謀于私室者故夫子爲不知者而曰其事也當時非惟季氏恬然不知其僭而已雖冉有與聞夫子之教亦瞭然不以爲非夫子知其漸不可長故特顯白言之不獨警季氏教冉有亦欲使此義不晦於天下萬世蓋春秋之意云

【徵】馬融曰○政者有所改更匡正○事者凡行常事○是

千乘云云學而篇

司馬周禮夏官

古來相傳之說不可易矣。朱註曰政國政事家事非矣。如千乘之國敬事而信豈家事哉。按司馬典邦政。則爵賞刑罰田獵出師之類。凡大事皆謂之政也。

定公問一言而可以興邦有諸孔子對曰言不可以若是其幾也人之言曰爲君難爲臣不易如知爲君之難也不幾乎一言而興邦乎曰一言而可喪邦有諸孔子對曰言不可以若是其幾也人之言曰予無樂乎爲君唯其言而莫予違也如其善而莫之違也不亦善乎如不善而莫之違也不幾乎一言而喪邦

乎

【古】王肅曰以其大要一言不能正興國幾近也有近一言可以興國」孔安國曰事不可以一言而成如知此則可近也」孔安國曰言無樂於爲君所樂者唯樂其言而不見違」孔安國曰人君所言善無違之者則善也所言不善而無敢違之者則近一言而喪國

【新】幾期也詩曰如幾如式言一言之間未可以如此而必期其效」當時有此言也」因此言而知爲君之難則必戰戰兢兢臨深履薄而無一事之敢忽然則此言也豈不可以必期於興邦乎爲定公言故不及臣也」言他無所樂惟樂此耳」范氏曰如不善而莫之違則忠言不至於耳君日驕而臣日諂未有不喪邦者也○謝氏曰知爲君之難則必敬謹以持之惟其言而莫予違則讒諂面諛之人至矣邦未必遽興喪也而興喪之源分於此然此非識微之君子何足以知之

【古義】朱氏曰幾期也言一言之間未可以如此而期必其效」當時有此言也」夫子言若因此言惕然

警省則豈不可以期必興邦乎」言他無所樂惟樂此耳」謝氏曰知爲君之難則必敬謹以持之惟其言而莫予違則讒諂面諛之人至矣邦未必遽興喪也而興喪之端分於此然非識微之君子何足以知之○愚謂爲君難之戒專在守成之君爲切矣若創業之君本起自寒微備嘗艱難不須深戒第守成之君素藉祖宗之業生長安富之中優游暇豫不知自戒故此言專戒守成之君也凡人主之憂最在於不得聞善言臣之於君亦直言難進諛言易入故古之明君必自導其臣而使得盡其言若不然則雖有剛直之臣而不得盡其能況樂其言而莫予違也則嘉謀在前而不知敗亡在後而不覺一言而喪邦不其然乎

徵 言不可以若是其幾也○朱子引詩訓期、是矣○何註訓近○不通矣○觀孔子是言○則知後人喜簡喜易喜要喜徑直○皆非聖人之意也○孔子答爲政爲仁之問。人人而殊焉。後人則或性善。或性惡。或格物。或致良知。或中庸。皆執一說以欲盡乎聖人之道。難矣哉。蓋亦不知一貫之義耳。夫一可以言盡。則孔子豈謂之一乎。不思之甚。

葉公問政。子曰。近者說遠者來。

古註無

【新】音義竝見第七篇。被其澤則說。聞其風則來。然必近者說而後遠者來也。

【古義】近則其釁易見。故實惠及民。則近者說。至誠能感物。故誠意積久。則遠者來。夫爲政以得人心爲本。故夫子欲葉公以此驗民情而自考其得失也。

【徵】近者說則遠者來。葉公唯務來遠。而不知使近

邢疏曰當施惠於近者使之喜說則遠者當慕化而來也

者說。故孔子以此語之。後人不知古言。故無則字則爲對說。非矣。邢昺疏尚不失古義。

子夏爲莒父宰問政子曰無欲速無見小利欲速則不達見小利則大事不成

【古】鄭玄曰舊說云莒父魯下邑孔安國曰事不可以速成而欲其速則不達矣小利妨大則大事不成

【新】莒父魯邑名欲事之速成則急遽無序而反不達見小者之爲利則所就者小而所失者大矣○程子曰子張問政子曰居之無倦行之以忠子夏問政子曰無欲速無見小利子張常過高而未仁子夏之病常在近小故各以切己之事告之

【古義】莒父魯邑名張氏栻曰欲速則期于成而所爲必苟故反不達見小利則循目前而忘久遠之

謀故反害大事胡氏寅曰聖人之言雖救子夏之失然天下後世皆可以爲法兩漢以來爲政者皆未免欲速見小利之病也

【徵】見小利欲速小人之心也○聖人知大而思遠○故人以爲迂矣○然聖人之所以爲聖人是已○孔子之言○雖藥子夏之病○然後人之過每於此○

葉公語孔子曰吾黨有直躬者其父攘羊而子證之孔子曰吾黨之直者異於是父爲子隱子爲父隱直在其中矣

【古】孔安國曰直躬直身而行」周生烈曰有因而盜曰攘

【新】直躬直身而行者有因而盜曰攘」父子相隱天理人情之至也故不求爲直而直在其中○謝氏

曰順理爲直父不爲子隱子不爲父隱於理順邪瞽瞍殺人舜竊負而逃遵海濱而處當是時愛親之心勝其於直

不直何暇計哉

古義 直躬直身而行者有因而盜曰攘「隱非直也然父子相隱人情之至也人情之至卽道也故謂之直苟於道有合則無往而不得故曰直在其中矣入大廟每事問曰是禮也亦此類也」論曰舊註謂父子相隱天理人情之至非也此以人情天理岐而爲二夫人情者天下古今之所同然五常百行皆由是而出豈外人情而別有所謂天理者哉苟於人情不合則藉令能爲天下之所難爲實豺狼之心不可行也但在禮以節之義以裁之耳後世儒者喜說公字其弊至於賊道何者是是而非非不別親踈貴賤謂之公今夫父爲子隱子爲父隱非直也不可謂之公也然夫子取之者父子相隱人之至情禮之所存而義之所在也故聖人說禮而不說理說義而不說公若夫外人情離恩愛而求道者實異端之所尚而非天下之達道也

孔子曰學而篇

徵葉公曰。吾黨有直躬者。孔子唯曰吾黨之直者而無躬字。可見直躬者欲暴己之直者已。朱子曰。父子相隱。天理人情之至也。仁齋先生非之而曰。人情者天下古今之所同然。五常百行。由是而出。豈外人情而別有所謂天理者哉。是執拗之説耳。天理誠宋儒家言。然欲富。欲貴。欲安佚。欲聲色。皆人情之所同。豈道乎。要之道自道。人情自人情。豈容混乎。至道固不悖人情。人情豈皆合道乎。理學家率推一以廢萬。其言如可聽也。其實皆一偏之説耳。予嘗以仁齋先生爲理學者流。爲是故。夫孔

樂在其中述而篇　餒在祿在共見衛靈公篇

呂氏春秋當務篇

子曰學則不固惡執一而廢萬也故曰父爲子隱子爲父隱直在其中矣可見非命之爲直也如樂在其中本非可樂之事也餒在其中本非致餒之道也祿在其中本非得祿道也父子主孝不主直君子求道不求祿安命不求樂然不可謂直者非君子所尚也不可謂君子欲貧也不可謂君子求憂也故孔子云爾直躬呂氏春秋以爲人姓名非矣

樊遲問仁子曰居處恭執事敬與人忠雖之夷狄不可棄也

古 包氏曰雖之夷狄無禮義之處猶不可棄去而不行

新 恭主容敬主事恭見於外敬主乎中之夷狄不可棄勉其固守而勿失也○程子曰此是徹上徹下語聖人初無二語也充之則睟面盎背推而達之則篤恭而天下平矣胡氏曰樊遲問仁者三此最先先難次之愛人其最後乎

古義 之夷狄不可棄勉其固守而勿失也○恭則不敢肆敬則不敢慢與人忠則不敢忽人之事此所以求仁也蓋仁者實德也由規矩則得不由規矩則不得故夫子以君子脩身之常法告之於求仁之方至爲深切

徵 樊遲問仁○問行仁政也○居處恭○執事敬○與人忠○猶如以敬恕告仲弓也○非孔子謂之仁矣○言行仁政先脩其身也○亦爲天下國家有九經首脩身意○

敬恕告仲弓顏淵篇

九經中庸已見

後世仁之訓詁不明如此章皆作鶻突解居處謂居之於已也執事謂行事也恭主容敬主事是矣恭見於外敬主乎中非矣事者天職也故敬朱子創持敬而不知敬之爲敬天故誤耳夫恭敬皆在心恭敬皆見於外豈容析乎雖之夷狄不可棄也非謂夷狄不棄我也謂行仁政者雖之夷狄必由此道也言此以使樊遲不疑焉但不可猶不能也舍此而仁政不可行故不能棄也以爲勿棄之義者過也

子貢問曰何如斯可謂之士矣子曰行已有恥使於

四方不辱君命可謂士矣曰敢問其次曰宗族稱孝焉鄉黨稱悌焉曰敢問其次曰言必信行必果硜硜然小人哉抑亦可以爲次矣曰今之從政者何如子曰噫斗筲之人何足算也

【古】孔安國曰有恥有所不爲」鄭玄曰行必果所欲行必果敢爲之硜硜者小人之貌也抑亦其次言可以爲次」鄭玄曰噫心不平之聲筲竹器容斗二升算數也

【新】此其志有所不爲而其材足以有爲者也子貢能言故以使事告之蓋爲使之難不獨貴於能言而已」此本立而材不足者故爲其次」果必行也硜小石之堅確者小人言其識量之淺狹也此其本末皆無足觀然亦不害其爲自守也故聖人猶有取焉下此則市井之人不復可爲士矣」今之從政者蓋如魯三家之屬噫心不平聲斗量名容十升筲竹器容斗二升斗筲之人言鄙細也算數也子

貢之問每下故夫子以是警之○程子曰子貢之意蓋欲爲皎皎之行聞於人者夫子告之皆篤實自得之事

古義 其志有所不爲而其材足以有爲則所以爲士者備矣」宗族鄉黨之間俱稱其孝弟則其行之善可見矣」朱氏曰果必行也硜小石之堅確者謂之小人者蓋以其識量抱泥而所見甚小也」子貢又問若今之從政者於士何如」噫心不平聲斗量名容十升筲竹器容斗二升量之小者筭數也毀其無一善之見於世也」子貢以行已有恥不辱君命難其人以爲以此爲士則自此以下者不足爲士然則人或有棄材故再問其次至於今之從政者如何蓋舉其所不滿意者而質之夫子也孔門之學者不敢自是已意輕可否人也如此」論曰孝弟實德也忠信實心也故聖門之教必以孝弟爲本忠信爲主而今以此爲士之次者何哉蓋聖門之學有用之實學也苟德之不弘材之不宏則設令孝弟可稱忠信可取然徒善其身而已不足以及人故爲士之次也

士而懷居憲問篇見危授命憲問篇士見危致命子張篇子貢方人後篇

微 行己以己之所爲言之使於四方不辱君命以奉使爲士重務也不唯以子貢能言故告之也它如士而懷居見危授命可以見己子貢之問每下子貢方人蓋知者也知者知人其意謂今之從政者不必皆棄材夫子必有所用之故問也大氐世主之用人皆喜其才譽而其以爲有才者皆小才也孔子所答至於言必信行必果雖謂之小人亦取其行而不取其才也如今之從政者乃小才也小人而有才可賤之至故曰斗筲之人言其近利也朱註如魯三家之屬可謂不曉語意且魯三家

爲政者也○非從政者也○

子曰不得中行而與之必也狂狷乎狂者進取狷者有所不爲也

古 包氏曰中行行能得其中者言不得中行則欲得狂狷者」包氏曰狂者進取於善道狷者守節無爲欲得此二人者以時多進退取其恒

新 行道也狂者志極高而行不掩狷者知未及而守有餘蓋聖人本欲得中道之人而教之然既不可得而徒得謹厚之人則未必能自振拔而有爲也故不若得此狂狷之人猶可因其志節而激厲裁抑之以進於道非與其終於此而已也○孟子曰孔子豈不欲中道哉不可必得故思其次也如琴張曾晳牧皮者孔子之所謂狂也其志嘐嘐然曰古之人古之人夷考其行而不掩焉者也狂者又不可得欲得不屑不潔之士而與之是狷也是亦其次也

古義行道也進取進而取道也朱氏曰狂者志極高而行不掩狷者知未及而守有餘任道之重非中道之士則不能然既不可得則必欲得狂狷之士而教之蓋狂者志意高邁欲直入于聖域可與進道之量而次于中道者也若狷者行潔節苦雖一毫不義之事不敢爲又可與守道之器而次于狂者也此夫子之所以取之也若夫庸常之才委靡不振不堪任此道之重也

徵不得中行而與之包咸曰中行行能得其中者得之朱子行訓道據孟子然孟子中道亦謂中行當以論語爲正夫道一而已矣豈別有所謂中道乎且是謂其人耳

子曰南人有言曰人而無恒不可以作巫醫善夫不恒其德或承之羞子曰不占而已矣

古孔安國曰南人南國之人」鄭玄曰言巫醫不能治無恆之人」包氏曰善南人之言也」孔安國曰此易恆卦之辭言德無常則羞辱承之」鄭玄曰易所以占吉凶無恆之人易所不占

新南人南國之人恆常久也巫所以交鬼神醫所以寄死生故雖賤役而尤不可以無常孔子稱其言而善之」此易恆卦九三爻辭承進也」復加子曰以別易文也其義未詳楊氏曰君子於易苟玩其占則知無常之取羞矣其爲無常也蓋亦不占而已矣意亦略通

古義南人南國之人恆常也無恆謂有始而無卒也巫爲人祈禱醫爲人療病若其心無恆則無爲人之實故雖巫醫之賤役猶不可爲之夫子所以善其言也」此易恆卦九三爻辭承進也此又言自受其羞也」張氏栻曰不占謂理之必然不待占決而可知也」常久不易之謂恆有始有卒之謂恆其事雖易而守之甚難若反此則百事不足恃焉故雖巫醫之賤役猶不可爲況爲聖人之道者其可不自恆其德乎

緇衣禮記

詩小雅小旻篇

得見有恒者述而篇

可以人而不如鳥乎見大學

徵人而無恒不可以作巫醫。鄭玄曰。言巫醫不能治無恒之人。緇衣有之曰。子曰。南人有言曰。人而無恒。不可以爲卜筮。古之遺言與。龜筮猶不能知也。而況於人乎。詩云。我龜既厭。不我告猶。故知鄭玄之解古來相傳之説已。作巫醫者。謂爲其人卜筮且醫疾也。非謂以其人爲巫醫之人也。何則無恒之人。不能守卜筮之占。亦不能守醫人之言。故云爾。正與得見有恒者斯可矣同義。主人君而言之。蓋朱子不識古文辭。疑作字耳。且古書不可以三字相連。以字不可屬下。如可以人而不如鳥乎。

可以見已不恒其德或承之羞子曰不占而已矣此孔子解易當別作一章人欲爲其事而占之吉則務爲之不已久之功成而後占驗焉此所以用占筮也若或中止而不爲則雖占得吉果何益之有故曰不占而已矣故易者成務之道也楊氏張氏皆未得其解

子曰君子和而不同小人同而不和

【古】君子心和然其所見各異故曰不同小人所嗜好者同然各爭利故曰不和

【新】和者無乖戾之心同者有阿比之意○尹氏曰君子尚義故有不同小人尚利安得而和

【古義】君子心和故與物不忤從義故不得必同小人反之君子之事仁義而已矣和則不失物不同

晏子春秋外篇
左傳昭公二十年

則不失已此可以見仁之成德而義自在其中矣○朱氏曰君子之和乃以其同寅協恭而無乖爭忌克之意其不同者乃以其守正循理而無阿諛黨比之風小人反是此二者外相似而内實相反乃君子小人情狀之隱微自古至今如出一軌如韓富范公上前議論不同或至失色至卒未嘗失和氣王呂章曾蔡氏父子兄弟同惡相濟而其際無不至亦可以驗聖言之不可易矣

徵 晏子春秋及左傳曰景公至自畋晏子侍於遄臺梁丘據造焉公曰維據與我和夫晏子曰據亦同也焉得爲和公曰和與同異乎對曰異和如羹焉水火醯醢鹽梅以烹魚肉燀之以薪宰夫和之齊之以味濟其不及以洩其過君子食之以平其心君臣亦然君所謂可而有否焉臣獻其否以成

其可君所謂否而有可焉臣獻其可以去其否是以政平而不干民無爭心故詩曰亦有和羹既戒且平鬷嘏無言時靡有爭先王之濟五味和五聲也以平其心成其政也聲亦如味一氣二體三類四物五聲六律七音八風九歌以相成也清濁小大短長疾徐哀樂剛柔遲速高下出入周流以相濟也君子聽之以平其心心平德和故詩曰德音不瑕今據不然君所謂可據亦曰可君所謂否據亦曰否若以水濟水誰能食之若琴瑟之專一誰能聽之同之不可也如是公曰善此和同之義也

何晏曰君子心和朱子曰無乖戾之心皆徒求諸心而失其義焉蓋古之君子學先王之道譬諸規矩準繩故能知其可否苟不知可否之所在其心雖和乎烏能相成相濟如羹與樂乎亦可謂之同已

子貢問曰鄉人皆好之何如子曰未可也鄉人皆惡之何如子曰未可也不如鄉人之善者好之其不善者惡之

【古】孔安國曰善人善已惡人惡已是善善明惡惡著

【新】一鄉之人宜有公論矣然其間亦各以類自爲好惡也故善者好之而惡者不惡則必其有苟合

之行惡者惡之而善者不好則必其無可好之實

古義 輔氏廣曰鄉人皆好恐是同流合汙之人鄉人皆惡恐是詭世戾俗之人故皆以爲未可惟鄉人之善者以其同乎己而好之則有可好之實矣不善者以其異乎己而惡之則無苟容之行矣方可必其人之賢也

徵無說

子曰君子易事而難說也說之不以道不說也及其使人也器之小人難事而易說也說之雖不以道說也及其使人也求備焉

古 孔安國曰不責備於一人故易事」孔安國曰度才而官之

新 器之謂隨其材器而使之也君子之心公而恕小人之心私而刻天理人欲之間每相反而已矣

古義 器之謂隨其材器而使之末二句乃解易事難悅之意下文做此 韓氏廣曰君子持己之道甚嚴而待人之心甚恕小人治己之方甚寬而責人之意甚刻君子說人之順理小人說人之順己君子貴重人材隨才器而使之而天下無不可用之人小人輕視人才故求全責備而卒至無可用之人

徵說　無

子曰君子泰而不驕小人驕而不泰

古 君子自縱泰似驕而不驕小人拘忌而實自驕矜

新 君子循理故安舒而不矜肆小人逞欲故反是

古義 君子守己儉而不以能先人故泰而不驕小人恃其有而不以約撿己故驕而不泰

徵 驕與奢侈不同義仁齋以儉解不驕以不以約

撿己解驕未免倭訓讀字。抗志解古文。可謂不自揣之甚

子曰剛毅木訥近仁

古 王肅曰剛無欲毅果敢木質樸訥遲鈍有此四者近於仁

新 程子曰木者質樸訥者遲鈍四者質之近乎仁者也楊氏曰剛毅則不屈於物欲木訥則不至於外馳故近仁

古義 木者質樸訥者遲鈍。爲仁在乎立誠。誠立則不敢欺人。故其質剛毅木訥者。雖未至仁。而與色取而行違者異。故曰近仁。蓋巧言令色。外似而內實僞。剛毅木訥外野而內可取。聖人所以辨仁不仁者。於是可見矣○胡氏炳文曰四者天資之近仁者也加之以學則不止於近矣

徵 王肅曰。剛無欲。毅果敢。木質樸。訥遲鈍。楊氏曰。

棖也慾公冶長篇

知所先後大學好學近乎知三句見中庸

剛毅則不屈於物欲木訥則不至於外馳皆非矣剛無欲是據棖也慾章殊不知其謂剛者有時乎失其剛以慾耳豈謂無欲爲剛乎訥訥於言耳豈遲鈍乎剛毅木訥蓋古之成言剛毅之人多是質樸而拙於言故曰剛毅木訥猶如巧言必帶令色言之而所重在巧言耳近仁者言易成仁也如知所先後則近道矣及好學近乎知力行近乎仁知恥近乎勇可以見已蓋仁在力行剛毅木訥之人必能力行故云爾後儒析以爲四而謂剛以何故近仁毅以何故近仁木與訥各以何故者皆不識

古言爾。

子路問曰何如斯可謂之士矣子曰切切偲偲怡怡如也可謂士矣朋友切切偲偲兄弟怡怡

【古】馬融曰切切偲偲相切責之貌怡怡和順之貌

【新】胡氏曰切切懇到也偲偲詳勉也怡怡和悅也皆子路所不足故告之又恐其混於所施則兄弟有賊恩之禍朋友有善柔之損故又別而言之

【古義】切切懇到偲偲詳勉皆相責之貌怡怡和順之貌言士之行欲如此然朋友有相責之義兄弟有相友之道激未復以其所重分而言之此三者皆有忠愛之意蓋士之行雖不可以一盡然以忠愛爲本苟不足於茲則其行必不能遠達故夫子以此三者答子路之問可謂親切矣。黃氏榦曰所謂士者涵泳於詩書禮義之澤必有溫良和厚之氣此士之正也至於發強剛毅則亦隨事而著

黄說大全小註

發强剛毅中庸文

由也喭先進篇

見耳子路負行行之氣而不能以自克則切偲怡怡之意常少故夫子箴之

【徽】黃勉齋曰所謂士者涵泳於詩書禮義之澤必有溫良和厚之氣此士之正也至於發強剛毅則亦隨事而著見耳子路負行行之氣而不能以自克則切偲怡怡之意常少故夫子箴之可謂善解論語已然其所以然之故則聖人之教尚仁仁者相生相長相養相育之道也學而成德然後可以臨民故仁必以脩身爲本威儀德之符也故君子愼其容祗士未可以臨民也故以朋友兄弟言之由也喭未免失其容焉故特以此告之不爾子路

問士而孔子徒以此告之。豈不少乎。學者思諸。又按、博雅曰、切切敬也、偲偲豈蒽邪。則切切偲偲敬而怡怡和也。馬融曰、切切偲偲相切責之貌、似逐字爲解矣。胡氏曰、切切懇到也、偲偲詳勉也。未知何所本自。

子曰善人教民七年亦可以卽戎矣

【古】包氏曰卽就也戎兵也言以攻戰

【新】教民者教之孝弟忠信之行務農以講武之法卽就也戎兵也民知親其上死其長故可以卽戎

(一)程子曰七年云者聖人度其時可矣如云朞月三年百年一世大國五年小國七年之類皆當思其作爲如何乃有益

古義 即，就也。戎，兵也。教民，謂以善教之也，所謂脩其孝弟忠信是也。善人之道，本以慈仁化導爲務，而不以形殺威嚴爲心，然至七年之久，則民亦有所感化，自能爲長上死。善之易入于人如此。孟子所謂得民心，即此意。

徵 善人教民七年。七年，言其久也。雖善人教民，非久則不可以即戎也。後儒狃聞佛氏善男子善女人，而以善柔之人，其解皆謬哉。

子曰：以不教民戰，是謂棄之。

古 馬融曰：言用不習之民，使之攻戰，必破敗，是謂棄之。

新 以，用也。言用不教之民以戰，必有敗亡之禍，是棄其民也。

古義 教，教民以戰陣之法也。馬氏曰：用不習之民，使之攻戰，必破敗，是謂棄之。○古者教民之法，三時務農一時講武耳目習于旌旗手足練于干戈自無敗亡之禍若不然則與措之于死地無異矣此蓋承上章而言亦不可以不講武也君子重民命如此

徵無說

論語徵集覽卷之十三終

論語徵集覽卷之十四

魏　何晏　集解
宋　朱熹　集註
大日本　藤維楨　古義
物茂卿　徵
從四位侍從源賴寬　輯

憲問第十四

【新】胡氏曰此篇疑原憲所記凡四十七章

憲問恥子曰邦有道穀邦無道穀恥也

【古】孔安國曰穀祿也邦有道當食祿」孔安國曰君無道而在其朝食其祿是恥辱

【新】憲原思名穀祿也邦有道不能有爲邦無道不能獨善而但知食祿皆可恥也憲之狷介其於邦無道穀之可恥固知之矣至於邦有道穀之可恥則未必知也故夫子因其問而幷言之以廣其志使知所以自勉而進於有爲也

【古義】憲原思名穀祿也言出而不能有爲處而不能有守唯知食祿是可恥也朱氏曰邦有道不能有爲邦無道不能獨善而但知食祿皆可恥也憲之狷介其於邦無道穀之可恥固知之矣至於邦有道穀之可恥則未必知也故夫子因其問而幷言之以廣其志使知所以自勉而進於有爲也○愚謂士之於世獨善其身易兼善天下難其於可恥之中自知所輕重可也

【徵】邦有道穀邦無道穀恥也孔安國曰穀祿也邦有道當食祿君無道而在其朝食其祿是恥辱古人善解古文辭者如是夫後世儒者不知古文辭。

且秦漢而後人皆可以爲宰相。故士急功名。於是乎有朱子之説。豈孔子時之意哉。且曰憲之狷介。是果何所據。宋儒恣以己意品目古人。僭哉。但古言穀與禄殊。士曰穀。廩穀也。大夫以上曰禄。食土毛也。故王制曰。論定然後官之。任官然後爵之。位定然後禄之。爵非大夫不稱。是以知之。論語曰禄之去公室。亦言魯侯不能以地與人也。然亦有通用者。不必拘焉。

克伐怨欲不行焉可以爲仁矣。子曰可以爲難矣仁則吾不知也

【古】馬融曰克好勝人伐自伐其功怨忌小怨欲貪欲也」包氏曰四者行之難未足以爲仁

【新】此亦原憲以其所能而問也克好勝伐自矜怨忿恨欲貪欲」有是四者而能制之使不得行可謂難矣仁則天理渾然自無四者之累不行不足以言之也○程子曰人而無克伐怨欲惟仁者能之有之而能制其情使不行斯亦難能也謂之仁則未也此聖人開示之深惜乎憲之不能再問也或曰四者不行固不得爲仁矣然亦豈非所謂克己之事求仁之方乎曰克去已私以復乎禮則私欲不留而天理之本然者得矣若但制而不行則是未有拔去病根之意而容其潛藏隱伏於胸中也豈克己求仁之謂哉學者察於二者之間則其所以求仁之功益親切而無滲漏矣

【古義】此亦原憲以其所希望而問也馬氏曰克好勝人伐自伐其功怨小忿欲貪欲憲蓋以四者自不行爲仁故爲問」言能制克伐怨欲而使不行則固人之所難爲矣然至於以此爲仁則吾不知也蓋慈愛之德能及物無一毫殘忍之心而後可以謂之仁矣豈止無克伐怨欲之謂哉」論曰心一也

不知其仁焉得仁共見公冶長篇

仁則爲溫和慈良不仁則爲克伐怨欲在其所存如何耳故知德者務用力於仁而不強事防閑知德之可尊而欲之不足惡也不知德者徒惡欲之累其心而專用力於克治殊不知苟脩其德則其欲自退聽徒惡欲之累己而強欲無之則併其良知良能斵喪遏絶不復得存是不可不知也若後世無欲主靜之說者實虛無寂滅之學而非孔門爲仁之旨矣

徵 克伐怨欲不行焉可以爲仁矣此句之上必有脫文。蓋時人舉當時賢大夫如管仲者稱之。非門弟子問之。故曰矣而不曰乎。克伐怨欲不行。謂不行於其國中也。何也。仁則吾不知也。與不知其仁。焉得仁。語勢正同。誠使原思問仁。則孔子豈曰仁則吾不知也乎。且果如其說乎。則所謂不行云者。

亦謂不行於其身邪。古豈有是言哉。人之不知文章一至是極。吁。然則克伐怨欲不行於其國中。何以不得爲仁。曰未知其人有安民之德。故曰仁則吾不知也。

子曰士而懷居不足以爲士矣

【古】士當志道不求安而懷其居非士也

【新】居謂意所便安處也

【古義】居謂居室。居處富足無所憂苦。乃世俗之所樂。然爲士者當有經營四方之志。而不可專求安逸之樂。苟於此戀戀不能棄去。則於義之所當爲者必畏避退縮不能勇爲。豈足以爲士耶

【徵】士而懷居。不足以爲士矣。謂求安其居也。男子

生而有四方之志。故懸弧於門。禮也。朱註。居謂意所便安處。此其天理人欲之説。豈不刻乎。益使於四方。士之重務也。大夫亦使於四方。然其在邦從政。是大夫之重務也。故孔子於士。多以使事言之。春秋人微者。皆士也。可以見已。

子曰邦有道危言危行邦無道危行言孫

古 包氏曰危厲也邦有道可以厲言行也」孫順也厲行不隨俗順言以遠害

新 危高峻也孫卑順也」尹氏曰君子之持身不可變也至於言則有時而不敢盡以避禍也然則爲國者使士言孫豈不殆哉

古義 危厲也孫順也洪氏曰危非矯激也直道而已孫非阿諛也遠害而已」此言君子持身之法其

處有道則當直言勵行以明正道範士風若處無道則行固不可遜也至于其言則不可不稍收鋒及以避其禍焉君子固不當枉道亦不當好盡言以取禍唯有道者能焉

【徵】無說

子曰有德者必有言有言者不必有德仁者必有勇勇者不必有仁

【古】德不可以億中故必有言

【新】有德者和順積中英華發外能言者或便佞口給而已仁者心無私累見義必爲勇者或血氣之強而已○尹氏曰有德者必有言徒能言者未必有德也仁者志必勇徒能勇者未必有仁也

【古義】此專言有德者必有言仁者必有勇也蓋有德者不貴乎言宜無言矣而必有之仁者不專於勇宜無勇矣而必有之若夫徒有言者務飾於外豈必有德哉徒有勇者血氣用事豈必有仁哉其

大小輕重斷而可知矣

徵無說

南宮适問於孔子曰羿善射奡盪舟俱不得其死然禹稷躬稼而有天下夫子不答南宮适出子曰君子哉若人尚德哉若人

古 孔安國曰适南宮敬叔魯大夫」孔安國曰羿有窮國之君篡夏后相之位其臣寒浞殺之因其室而生奡奡多力能陸地行舟爲夏后少康所殺」孔安國曰此二子者皆不得以壽終」馬融曰禹盡力於溝洫稷播百穀故曰躬稼禹及其身稷及後世皆王适意欲以禹稷比孔子孔子謙故不答也」孔安國曰賤不義而貴有德故曰君子

新 南宮适卽南容也羿有窮之君善射滅夏后相而篡其位其臣寒浞又殺羿而代之奡春秋傳作

澆浞之子也力能陸地行舟後爲夏后少康所誅禹平水土暨稷播種身親稼穡之事禹受舜禪而有天下稷之後至周武王亦有天下适之意蓋以羿奡比當世有權力者而以禹稷比孔子也故孔子不答然适之言如此可謂君子之人而有尚德之心矣不可以不與故俟其出而贊美之

古義 适卽南容孔氏曰羿有窮國之君篡夏后相之位其臣寒浞殺之因其室而生奡奡多力能陸地行舟爲夏后少康所殺皆不得以壽終适以此二子比當時有權力者」馬氏曰禹盡力於溝洫稷播百穀故曰躬稼禹及其身稷及後世皆王天下适以禹稷比當時有德而無名位者意蓋在孔子」禹稷躬稼而有天下之言在所當諱故夫子不答唯稱适有君子之行又能尚德之人也」尚權力而輕道德世俗之常態人皆不知其非也今适生於魯卿僭亂之家而其言如此則其得於聖門者深矣益有見權力之不可恃而道德之效非有所求而其流自遠也

徵 君子哉若人。尚德哉若人。德者有德之人也。君子必尚德。具詞者。所以深贊之也。

子曰君子而不仁者有矣夫未有小人而仁者也

【古】孔安國曰雖曰君子猶未能備

【新】謝氏曰君子志於仁矣然毫忽之間心不在焉則未免爲不仁也

【古義】君子之不仁謂雖有愛人之心而無愛人之實也言雖有君子而不仁者然小人而仁者決無之也」此專爲小人假仁者而發也夫仁愛而已矣君子固宜仁也然一有害人倫妨政事者則不免爲不仁孔子以臧文仲置六關子產鑄刑書爲不仁是已小人非不愛人也然無利於己焉則雖父子兄弟猶不能全其恩況佗人乎是君子之所以或不仁而小人之必不仁也

徵 無說

子曰愛之能勿勞乎忠焉能勿誨乎

【古】孔安國曰言人有所愛必欲勞來之有所忠必欲教誨之

【新】蘓氏曰愛而勿勞禽犢之愛也忠而勿誨婦寺之忠也愛而知勞之則其爲愛也深矣忠而知誨之則其爲忠也大也

【古義】眞愛能勞眞忠能誨愛矣而勿勞則爲不慈忠矣而勿誨則爲不忠然則父兄之於子弟臣之事君朋友之相交可不自盡其心乎

【徵】無説

子曰爲命裨諶艸創之世叔討論之行人子羽脩飾之東里子產潤色之

【古】孔安國曰裨諶鄭大夫氏名也謀於野則獲於國則否鄭國將有諸侯之事則使乘車以適野而謀作盟會之辭」馬融曰世叔鄭大夫游吉也討治也裨諶旣造謀世叔復治而論之詳而審之行人

掌使之官子羽公孫揮子產居東里因以爲號更此四賢而成故鮮有敗事

【新】禆諶以下四人皆鄭大夫草略也創造也謂造爲艸藳也世叔游吉也春秋傳作子太叔討尋究也論講議也行人掌使之官子羽公孫揮也脩飾謂增損之」東里地名子產所居也潤色謂加以文采也鄭國之爲辭命必更此四賢之手而成詳審精密各盡所長是以應對諸侯鮮有敗事孔子言此蓋善之也

【古義】命辭命也禆諶鄭大夫草創謂造爲草藳也」世叔鄭大夫游吉也討尋究也論講論也」行人掌使之官子羽公孫揮也脩飾謂增損之」東里子產所居也潤色謂加以文采也子產國相故於其終又潤色之也鄭國之辭命雖出於三子而至其成則子產獨專其美也」此夫子美子產執鄭國之政能用衆材而且言賢材之有益於國也當時詞命雖不可悉見然以此章見之則其脩好與戎成敗離合之機頓分可謂重矣叔向亦云子產有詞諸侯賴之則可見詞命之所係甚大而子產能用三

子之長也」論曰古之稱良相者不在專用己之善而在能用人之善蓋己之善有限而天下之善無窮故能用天下之善而後能成天下之善也按左傳裨諶等三人皆子產之所薦而子產執鄭國之政四十餘年國不受兵應對諸侯無有敗事非能用人之善之效乎

【徵】脩飾潤色其義不同蓋裨諶作草世叔討論而未定經子羽之手而後定於是乎文成矣故曰脩飾子產之潤色乃在文成之後也討論二字人或不知其解多謂尋討也非古義矣蓋聲其罪曰討故討論者駁其非之謂也

或問子產子曰惠人也問子西曰彼哉彼哉問管仲曰人也奪伯氏駢邑三百飯疏食沒齒無怨言

古 孔安國曰惠愛也子產古之遺愛」馬融曰子西鄭大夫彼哉彼哉言無足稱或曰楚令尹子西」猶詩言所謂伊人」孔安國曰伯氏齊大夫駢邑地名齒年也伯氏食邑三百家管仲奪之使至疏食而沒齒無怨言以當其理也

新 子產之政不專於寬然其心則一以愛人爲主故孔子以爲惠人蓋舉其重而言也」子西楚公子申能遜楚國立昭王而改紀其政亦賢大夫也然不能革其僭王之號昭王欲用孔子又沮止之其後卒召白公以致禍亂則其爲人可知矣彼哉者外之之詞」人也猶言此人也伯氏齊大夫駢邑地名齒年也蓋桓公奪伯氏之邑以與管仲伯氏自知己罪而心服管仲之功故窮約以終身而無怨言荀卿所謂與之書社三百而富人莫之敢拒者卽此事也○或問管仲子產孰優曰管仲之德不勝其才子產之才不勝其德然於聖人之學則槩乎其未有聞也

古義 惠愛也」馬氏曰子西鄭大夫或曰楚令尹子西彼哉彼哉言無足稱」人當作仁按家語載子路

問管仲之爲人如何子曰仁也則人字本仁字之誤明矣而前篇宰我問井有仁章又誤以人作仁蓋人仁同音故互相誤耳孔氏曰伯氏齊大夫駢邑地名齒年也伯氏食邑於駢邑三百家管仲奪之伯氏至飯疏食没齒而無怨言夫子引之以明管仲之仁也」子產之事見論語者三見孟子者三皆見其爲篤厚君子至于管仲則夫子稱其器小孟子譏其功烈之卑則視之子產如有所弗及者何哉夫論醫則期其活人論人則取其適用若管仲之才之功以王道律之則固不免有器小霸術之譏然至於其利世澤民有功於天下後世則非子產之所能及也蓋其才愈高則其望愈重其名愈盛則其責愈深是所以責備管仲而不較子產也夫子論人物或與或奪皆學者之所宜潛玩也

【徵】問子西、曰彼哉彼哉。按郭忠恕佩觿集云。彼彼。上甫委翻彼此。下甫委水義二翻。論語子西彼哉。又小補韻會引廣韻云云。是必孔安國王肅輩有

子貢問貧而樂
學而篇

之解。而今何朱專行他解遂泯。今按從人爲優。問管仲曰。人也奪伯氏駢邑三百飯疏食沒齒。無怨言。此問也子曰。貧而無怨難富而無驕易。是孔子答也。何則。以貴賤爲心者。君子之事也。故中庸曰。居上不驕。爲下不倍。在上位不陵下。在下位不援上。是矣。以貧富爲心者。小人之事也。故坊記云。小人貧斯約。富斯驕。約斯盜。驕斯亂。禮者因人之情而爲之節文。以爲民坊者也。故聖人之制富貴也。使民富不足以驕。貧不至於約。故亂益亡。是矣。故此章及子貢問貧而樂富而好禮。皆言使民如

詩秦風蒹葭篇

家語致思篇

論語本篇

此也管仲能使伯氏貧而無怨是治邦者之所難耳。故孔子云爾。不爾、孔子之答、未有徒舉其事而無斷者也、且何晏解人也而曰。猶詩言所謂伊人。是必古來相傳之說。且下章無解、是必連無怨言爲一章、而邢昺不知之。分屬上章、斷自子曰別爲一章耳、六氏貧而無怨、吾見其人、富而無驕、吾亦見其人。皆世所多有也、孔子何必以此教學者乎。仁齋先生曰。人當作仁、按家語載子路問管仲之爲人如何。子曰仁也、則人字本仁字之誤明矣。然如家語所云。亦論語如其仁之意。豈足以証此章哉。且使伯氏無怨言。以此爲仁。仁亦小矣哉。

子曰貧而無怨難富而無驕易

古註無

新處貧難處富易人之常情然人當勉其難而不可忽其易也

古義此專爲貧而無怨者發「富而無驕其事則順不矜於外者能之貧而無怨其境則逆非內有所得者不能也然此夫子就常人處貧富上論若學者工夫前告子貢者盡之矣

徵說已見

子曰孟公綽爲趙魏老則優不可以爲滕薛大夫

古孔安國曰公綽魯大夫趙魏皆晉卿家臣稱老公綽性寡欲趙魏貪賢家老無職故優滕薛小國大夫職煩故不可爲

新 公綽魯大夫趙魏晉卿之家老家臣之長大家勢重而無諸侯之事家老望尊而無官守之責優有餘也滕薛二國名大夫任國政者滕薛國小政繁大夫位高責重然則公綽蓋廉靜寡欲而短於才者也○楊氏曰知之弗豫枉其才而用之則爲棄人矣此君子所以患不知人也言此則孔子之用人可知矣

古義 公綽魯大夫趙魏晉卿之家老家臣之長優有餘也」滕薛二國名大夫任國政者也此言人各有能有不能若能用其長而棄其短則人各得盡其能而天下無棄才也公綽蓋廉靜寡欲短於才者而趙魏家大勢重無諸侯之事滕薛國小政繁有會盟戰爭之事故使公綽爲彼則可而爲此則不可此用人之權度也

徵 無說

子路問成人子曰若臧武仲之知公綽之不欲卞莊

子之勇冉求之藝文之以禮樂亦可以爲成人矣曰今之成人者何必然見利思義見危授命久要不忘平生之言亦可以爲成人矣

【古】馬融曰魯大夫臧孫紇」馬融曰孟公綽」周生烈曰卞邑大夫」孔安國曰加之以禮樂文成」馬融曰義然後取不苟得」孔安國曰久要舊約也平生猶少時

【新】成人猶言全人武仲魯大夫名紇莊子魯卞邑大夫言兼此四子之長則知足以窮理廉足以養心勇足以力行藝足以泛應而又節之以禮和之以樂使德成於內而文見乎外則材全德備渾然不見一善成名之迹中正和樂粹然無復偏倚駁雜之蔽而其爲人也亦成矣然亦之爲言非其至者蓋就子路之所可及而語之也若論其至則非聖人之盡人道不足以語此」復加曰字者既答而復言也授命言不愛其生持以與人也久要舊約也平生平日也有是忠信之實則雖其才知禮樂

有所未備亦可以爲成人之次也〇程子曰知之明信之篤行之果天下之達德也若孔子所謂成人亦不出此三者武仲知也公綽仁也卞莊子勇也冉求藝也須是合此四人之能文之以禮樂亦可以爲成人矣然而論其大成則不止於此若今之成人有忠信而不及於禮樂則又其次者也又曰臧武仲之知非正也若文之以禮樂則無不正矣又曰語成人之名非聖人孰能之孟子曰惟聖人然後可以踐形如此方可以稱成人之名胡氏曰今之成人以下乃子路之言蓋不復聞斯行之之勇而有終身誦之之固矣未詳是否

古義 成人謂有所成就之人」武仲魯大夫名紇莊子魯卞邑大夫言若四子之長皆足以立世成名而復以禮樂文之則救偏補闕足以當成人之名此節胡氏以爲子路之語今按與前篇有民人焉有社稷焉何必讀書語意相類故從之授命猶言致命也久要舊約也平生之言謂其非大故而平生相諾之言也子路以爲若四子之長皆據古今之美遽難企及苟節義忠信若此則亦可以爲成

人也論語取之者蓋以其言亦合理而夫子許之也成人之名難矣苟知廉勇藝身實有之若四子之長而文之以禮樂則可以爲成人矣蓋無禮則慢易之心生矣無樂則鄙詐之心作矣殊能異材獨步古今者必氣滿意抗揚己陵人自傷其德故非以禮樂文之則不足以爲成人矣舊註以謂兼四子之長非也是蓋聖人所不能豈可望之於學者乎

【徵】若臧武仲之知。公綽之不欲。卞莊子之勇。冉求之藝。文之以禮樂。亦可以爲成人矣。仁齋先生曰。若四子之長皆足以立世成名。而復以禮樂文之。則救偏補闕。足以當成人之名。舊註以謂兼四子之長。非也。是蓋聖人之所不能。豈可望之於學者乎。可謂善解論語已。後世變化氣質之說興。而欲

禮記曲禮曰二十而冠冠義曰冠而字之成人之道也

傳曰又曰共見禮記樂記

必兼四子之長焉。蓋古者二十而冠。曰成人。則成人猶言成器也。朱子求之太過。其學爲爾。但救偏補闕。是仁齋亦不識禮樂也。文之以禮樂。納諸先王之道也。傳曰。君子蓋禮樂云。又曰禮樂皆得。謂之德。故非禮樂不足以成其德。文之云者。非以丹青塗其樸之謂也。養之成器。而後煥然可觀也。是豈翅救偏補闕之謂乎。曰今之成人者何必然云云。是亦孔子之言也。若果使爲子路之言。則子路之自用也。論語豈載之哉。胡氏可謂謬已。秖可疑者。有曰字。語勢不甚相承耳。是子路又問。而孔子

子張曰子張篇

子貢問士前篇

又答。記者刪子路之問。故致曰字。碍目耳。以今之成人觀之。上文乃古之成材。足以爲大夫也。孔子時。大夫皆世爵。它人雖學以成材。然不得爲大夫故今之成人以士言之。子張曰。見危致命。見得思義。子貢問士。子曰。行已有恥。使於四方。不辱君命。皆與此同致命。卽使於四方。不辱君命也。謂致君命於它邦也。授亦致也。或疑授字不順。然奉使授玉。亦於它邦之君。古言可見已。謂見危則兵爭之世。有不測之難。方其時不辱君命。最可見其材已。致命。孔安國以不愛其身爲解。朱子因之。然解命爲身命。古未之有也。如不幸短命。亦短於稟命也。洪範考終命。亦終天命也。豈身命之謂乎。久要。孔安國曰。舊約也。是約要古音相通。故以約訓要耳。然舊約不忘平生之言。不成言。蓋在久約而不忘師友平生之言。言其不濫也。曰危曰約。亦有衰世之感。

子問公叔文子於公明賈曰信乎夫子不言不笑不取乎公明賈對曰以告者過也夫子時然後言人不厭其言樂然後笑人不厭其笑義然後取人不厭其取子曰其然豈其然乎

古 孔安國曰公叔文子衛大夫公孫枝文謚」馬融曰美其得道嫌不能悉然

新 公叔文子衛大夫公孫枝也公明姓賈名亦衛人文子爲人其詳不可知然必廉靜之士故當時以三者稱之」厭者苦其多而惡之之辭事適其可則人不厭而不覺其有是矣是以稱之或過而以爲不言不笑不取也然此言也非禮義充溢於中得時措之宜者不能文子雖賢疑未及此但君子與人爲善不欲正言其非也故曰其然豈其然乎蓋疑之也

古義 公叔文子衛大夫公孫枝也公明賈亦衛人文子蓋廉靜之士故當時以三者稱之」厭者苦其多而惡之之謂」許賈之言也」深不然其言也」朱氏曰此言也非禮義充溢於中得時措之宜者不能文子雖賢疑未及此但君子與人爲善不欲正言其非也故曰其然豈其然乎蓋疑之也

徵 時然後言學記當其可之謂時是其訓也

子曰臧武仲以防求爲後於魯雖曰不要君吾不信

也

【古】孔安國曰防武仲故邑也爲後立後也魯襄公二十三年武仲爲孟氏所譖出奔邾自邾如防使爲以大蔡納請曰紇非能害也知不足也非敢私請苟守先祀無廢二勳敢不避邑乃立臧爲紇致防而奔齊此所謂要君

【新】防地名武仲所封邑也要有挾而求也武仲得罪奔邾自邾如防使請立後而避邑以示若不得請則將據邑以叛是要君也○范氏曰要君者無上罪之大者也武仲之邑受之於君得罪出奔則立後在君非己所得專也而據邑以請由其好智而不好學也楊氏曰武仲卑辭請後其跡非要君者而意實要之夫子之言亦春秋誅意之法也

【古義】防地名武仲所封邑也要有挾而求也武仲得罪奔邾如防使請立後而避邑也」直道者聖人之所深與也而其跡似直而其心實不直者是枉曲之大甚者聖人之所以譏之也○范氏曰要君

者無上罪之大者也武仲之邑受之於君得罪出奔則立後在君非己所得專也而據邑以請由其

好知而不好學也

【徵】求爲後於魯爲猶立也仁齋解此章以不直非之是豈直不直之謂乎可謂不知倫已要孔安國

孝經五刑章

孝經傳曰約勒也可謂善詁已

子曰晉文公譎而不正齊桓公正而不譎

【古】鄭玄曰譎者詐也謂召天子而使諸侯朝之仲尼曰以臣召君不可以訓故書曰天王狩於河陽是譎而不正也」馬融曰伐楚以公義責包茅之貢不入問昭王南征不還是正而不譎也

【新】晉文公名重耳齊桓公名小白譎詭也二公皆諸侯盟主攘夷狄以尊周室者也雖以其力假仁心皆不正然桓公伐楚仗義執言不由詭道猶爲彼善於此文公則伐衞以致楚而陰謀以取勝其

譎甚矣二君佗事亦多類此故夫子言此以發其隱

古義 晉文公名重耳譎詭也齊桓公名小白」此專爲齊桓公而發之世皆以桓文並稱而不知有彼善於此者故曰正而不譎蓋桓文之事莫大於會盟會盟莫大於葵丘踐土而葵丘之會定太子以安王室踐土之會挾天子以令諸侯有公私義利之別其佗行事可推知也」論曰知人固難矣論人亦不易蓋知道明而後能知人能知人而後能論人能論人而後是非邪正定矣唯聖人之言猶權衡尺度一懸而輕重長短無所逃焉傳曰善善長惡惡短若齊桓晉文自王道視之固非純乎正者然以二公論之有彼善於此者故聖人之於桓公獨不沒其不譎之善所以爲聖人之言也若後世儒者之論人可謂嚴而正矣然纖惡不恕片纇不掩吹毛索疵古今無全人不恕之太甚也聖人之言則不然小過必赦一善不沒實天地之心也

徵 晉文公譎而不正齊桓公正而不譎正與譎兵

踸踔譎詭已見五諫家語辨政篇

穀梁傳隱公八年

趙鵬飛說詳于升庵外集三十六此節略

家之辭也。譎訓詭。爲是。鄭玄訓詐者非矣。如琴張踸踔譎詭。及五諫有譎諫。豈詐僞之謂哉。大氐奇變百出謂之譎。堂堂正正謂之正。奇變百出者。求勝於人者也。堂堂正正者。求不見勝者也。孔子所以云爾者。固褒桓而貶文矣。亦語軍旅之道也。豈必評二君之爲人如通鑑綱目哉。穀梁傳曰。交質子不及二覇。趙鵬飛引之而曰。春秋之世無五覇之說。孔子但稱桓文。至于荀孟而後沿時俗之稱曰五覇。五覇非孔門之舊。得之。

子路曰桓公殺公子糾召忽死之管仲不死曰未仁

乎子曰桓公九合諸侯不以兵車管仲之力也如其仁如其仁

【古】孔安國曰齊襄公立無常鮑叔牙曰君使民慢亂將作矣奉公子小白出奔莒襄公從弟公孫無知殺襄公管夷吾召忽奉公子糾出奔魯齊人殺無知魯伐齊納子糾小白自莒先入是爲桓公乃殺子糾召忽死之」孔安國曰誰如管仲之仁

【新】按春秋傳齊襄公無道鮑叔牙奉公子小白奔莒及無知弑襄公管夷吾召忽奉公子糾奔魯魯人納之未克而小白入是爲桓公使魯殺子糾而請管召召忽死之管仲請囚鮑叔牙言於桓公以爲相子路疑管仲忘君事讎忍心害理不得爲仁也」九春秋傳作糾督也古字通用不以兵車言不假威力也如其仁言誰如其仁者又再言以深許之蓋管仲雖未得爲仁人而其利澤及人則有仁之功矣

古義 齊襄公立無道鮑叔牙曰君使民慢亂將作矣奉公子小白出奔莒襄公從弟公孫無知殺襄公管夷吾召忽奉公子糾出奔魯齊人殺無知魯伐齊納子糾小白自莒先入是爲桓公乃殺子糾召忽死之管仲請囚鮑叔受之告於桓公而相之九春秋傳作糾督也當時諸侯會盟有兵車之會有衣裳之會不以兵車言不假威力也如其仁言誰如管仲之仁 管仲不死於子糾之難而遂事桓公而相之子路疑于其不仁固也然管仲之於子糾非挾貳心以徼功也嘗射桓公中其鉤其所以爲子糾者亦盡矣及其事卒也不避偷生之名遂佐桓公以匡天下故夫子不論其當死與否但舉九合之功以稱其仁何者其能脩舉王法輓回風俗利澤恩惠遠被于天下後世則其爲德甚大矣故曰如其仁如其仁蓋仁大德也非慈愛之心頃刻不忘則固不可許而濟世安民之功能被于天下後世則亦可以謂之仁矣故孟子以伯夷伊尹柳下惠君於百里之地皆能朝諸侯有天下爲仁是也此所以雖高第弟子不許其仁而反於仲許之歟

子貢曰管仲非仁者與桓公殺公子糾不能死又相之子曰管仲相桓公霸諸侯一匡天下民到于今受其賜微管仲吾其被髮左衽矣豈若匹夫匹婦之爲諒也自經於溝瀆而莫之知也

古 馬融曰匡正也天子微弱桓公帥諸侯以尊周室一匡天下」受其賜者爲不被髮左衽之惠」馬融曰微無也無管仲則君不君臣不臣皆爲夷狄」王肅曰經經死於溝瀆之中也管仲召忽之於公子糾君臣之義未正成故死之未足深嘉不死未足多非死事既難亦在於過厚故仲尼但美管仲之功亦不言召忽不當死

新 子貢意不死猶可相之則已甚矣」霸與伯同長也匡正也尊周室攘夷狄皆所以正天下也微無也衽衣衿也被髮左衽夷狄之俗也」諒小信也經縊也莫之知人不知也後漢書引此文莫字上有

人字(　)程子曰桓公兄也子糾弟也仲私於所事輔之以爭國非義也桓公殺之雖過而糾之死實當仲始與之同謀遂與之同死可也知輔之爭爲不義將自免以圖後功亦可也故聖人不責其死而稱其功若使桓弟而糾兄管仲所輔者正桓奪其國而殺之則管仲之與桓不可同世之讎也若計其後功而與其事桓聖人之言無乃害義之甚啓萬世反覆不忠之亂乎如唐之王珪魏徵不死建成之難而從太宗可謂害於義矣後雖有功何足贖哉愚謂管仲有功而無罪故聖人獨稱其功王魏先有罪而後有功則不以相掩可也

古義子貢意管仲之不死既不可言況亦相之則能忍其所不能忍者也故疑其非仁者」匡正也尊周室攘夷狄皆所以正天下也受賜者謂不爲夷狄而君臣父子之義尚存也微無也被衣衿也被髮左衽夷狄之俗也」諒信也言豈肯若庶人之爲小信自經死於溝瀆中而人莫知其名也」天之生豪傑豈偶然哉其可無所自任不愛其身乎當春秋之時生民之塗炭極矣得一管仲斯民猶中國

薄昭曰齊桓殺其弟以反國漢書淮南厲王傳韋昭注云子糾

之民不得一管仲斯民即夷狄之民管仲豈可無乎其不死蓋有所抱負而然故曰豈若匹夫匹婦之諒也」論曰按管子及莊周荀卿韓非越絶等書皆以子糾爲兄桓公爲弟然則桓公之於子糾是以弟殺兄不義之甚者也管仲亦不得免黨不義之罪夫子何故深與其功而不一論其不死之非耶蓋春秋之義子以母貴故於嫡庶之辨則甚嚴而於衆妾之子亦不以兄弟之義論之況管仲之於子糾盡其心而已矣運窮力屈遂囚于魯不避事讎之嫌而成齊桓之業是夫子之所以不言其非也

徵 桓公公子糾孰兄孰弟議論紛如孔子之取管仲以其仁而已矣必以小白兄子糾弟者不知道者也蓋以子糾爲弟者自薄昭始其言出於一時諱避之爲而後人弗之察已子糾兄而小白弟章

兄也言弟者諱也

章乎明哉宋儒陋見因孔子仁管仲而固執薄昭之言遂以罪王魏王魏亦管仲耳祗其人不及管仲而太宗委任亦不及桓公未免有優劣焉然管仲自擇其主而王魏高祖所命則王魏豈可罪哉仁齋先生乃謂春秋之義子以母貴故嫡庶之辨甚嚴而於衆妾之子亦不以兄弟之義論之此皆強爲之説以求通者已夫鄉人猶且序齒推兄弟之序也而謂衆妾之子無兄弟之義可乎孔子未嘗仁桓公而唯仁管仲則桓公之罪可知已然使管仲不遇桓公則濟世安民之功豈能被天下後

孔子曰顔淵篇

孟子告子篇

世哉。是管仲之不可尤也。且管仲之前無覇。覇自管仲始。豈非豪傑之士邪。且古之人。皆能量已之力以爲之。後儒皆言其可言耳。孔子曰。爲之難。言之得無訒乎。宜其不知聖人之心也。仁齋又以慈愛之心頃刻不忘爲仁。是孟子内外之説所囿。豈非心學邪。叚使信能慈愛之心。頃刻不忘。然若無安民長人之德。烏得爲仁乎。

公叔文子之臣大夫僎。與文子同升諸公。子聞之曰。可以爲文矣。

古 孔安國曰。大夫僎。本文子家臣。薦之使與己並爲大夫。同升在公朝。孔安國曰。言行如是。可謚爲

文

【新】臣家臣公公朝謂薦之與已同進爲公朝之臣也」文者順理而成章之謂謚法亦有所謂錫民爵位曰文者○洪氏曰家臣之賤而引之使與已竝有三善焉知人一也忘已二也事君三也

【古義】僎本文子之家臣文子薦之與已竝爲大夫同升在公朝」文者謚之至美者言其行如此則謚曰文亦可以無媿矣」文之爲謚惟舜文之聖足以當之如文子之薦僎纔一事之善耳然其得美謚如此則忘已薦賢之爲美德從而可知矣

【徵】洪氏曰家臣之賤而引之使與已竝有三善焉知人一也忘已二也事君三也仁齋先生曰文之爲謚惟舜文之聖足以當之如文子之薦僎纔一事之善耳然其得美謚如此則忘已薦賢之爲美

不恥下問公冶長篇

德從而可知矣有味乎其言之也洪氏規規計其三善可謂陋已果其言之是乎如不恥下問更有何善夫文者道之別名故謚莫大於文焉雖有它善皆止已之善而獨薦賢之益莫有窮盡故於謚法得稱文焉

子言衛靈公之無道也康子曰夫如是奚而不喪孔子曰仲叔圉治賓客祝鮀治宗廟王孫賈治軍旅夫如是奚其喪

【古】孔安國曰言雖無道所任者各當其才何爲當亡

【新】喪失位也」仲叔圉卽孔文子也三人皆衛臣雖未必賢而其才可用靈公用之又各當其才〇尹

氏曰衛靈公之無道宜喪也而能用此三人猶足以保其國而況有道之君能用天下之賢才者乎

詩曰無競維人四方其訓之

古義 喪亡也「仲叔圉即孔文子」此見爲國者在能用人之長又能當其用也苟各用其長能當其才則雖以三子之才猶能存無道之國況有德之人乎雖以衛靈之無道猶能保其國況有道之君乎後世用人者或以一眚而棄人之長或用之而不盡其能此天下國家所以不免喪亡也

徵 無

說

子曰其言之不怍則其爲之也難

古 馬融曰怍慙也內有其實則言之不慙積其實者爲之難

新 大言不慙則無必爲之志而不自度其能否矣欲踐其言豈不難哉

古義 怍慙也「馬氏曰人若內有其實則其言之不慙然則內積其實者爲之也甚難○係詞云將叛

者其辭慙中心疑者其辭枝誣善之人其辭游失其守者其辭屈夫其言之不怍非其行之無瑕者不能豈不難乎

徵 其言之不怍。則爲之也難。邢疏曰。人若內有其實。則其言之不慙。然則內積其實者。爲之也甚難。是泥作者爲之難之言。然失於辭。不如朱註之勝矣。

爲之難見上

陳成子弒簡公。孔子沐浴而朝。告於哀公曰。陳恒弒其君。請討之。公曰。告夫三子。孔子曰。以吾從大夫之後。不敢不告也。君曰告夫三子者。之三子告。不可。孔子曰。以吾從大夫之後。不敢不告也。

【古】馬融曰：「成子，齊大夫陳恒也。將告君，故先齋，齋必沐浴。」孔安國曰：「謂三卿也。」馬融曰：「我禮當告君，不當告三子，君使我往，故復往也。」馬融曰：「孔子由君命之三子告，不可，故復以此辭語之而止。」

【新】成子，齊大夫，名恒。簡公，齊君，名壬。事在春秋哀公十四年。」是時孔子致仕居魯，沐浴齋戒以告君，重其事而不敢忽也。臣弒其君，人倫之大變，天理所不容，人人得而誅之，況鄰國乎？故夫子雖已告老，而猶請哀公討之。」三子，三家也。時政在三家，哀公不得自專，故使孔子告之。」孔子出而自言如此。意謂弒君之賊，法所必討，大夫謀國，義所當告，君乃不能自命三子，而使我告之耶？」以君命往告，而三子魯之強臣，素有無君之心，實與陳氏聲勢相倚，故沮其謀；而夫子復以此應之，其所以警之者深矣。〇程子曰：「左氏記孔子之言曰：『陳恒弒其君，民之不予者半。以魯之衆，加齊之半，可克也。』此非孔子之言。誠若此言，是以力不以義也。若孔子之志，必將正名其罪，上告天子，下告方伯，而率與國以討之。至於所以勝齊者，孔子之餘事也，豈計魯人之衆寡哉？當是時，天下之亂極矣，因是足以正

之周室其復興乎魯之君臣終不從之可勝惜哉

胡氏曰春秋之法弒君之賊人得而討之仲尼此舉先發後聞可也

古義 成子齊大夫名恒成其謚簡公齊君名壬事在春秋哀公十四年」是時孔子致仕居魯沐浴齊戒以告君者重其事而不敢忽也」三子三家也」孔子自言如此意謂吾禮當告君不當告三子君乃不能自謀其事而使吾往三子告之何耶」三子素有無君之志故拒其謀而夫子復以此應之」弒君父之賊人人得而誅之古之法也凡爲君爲臣者之所必討而不釋者也豈可量其力之强弱哉魯之於齊言其近則爲隣國言其親則爲同盟而魯之君臣坐縱其賊耳如不聞可謂無人心矣故夫子雖在告老之列猶不得已而告之夫公義之在於人心一也一人唱之萬人隨和哀公若聽夫子之言而唱討賊之義天下孰不應之惜乎哀公不能舉其事三子亦懷其私而夫子之志終不得就蓋臣弒其君子弒其父非惟其一身之惡實風俗人心之所係在一國則一國之恥也在天下則天

左傳哀公十四年

仁者先難雍也篇

下之恥也夫子自任萬世之道故恐斯義之不明于天下請正其罪非徒疾陳恒之惡而已也

徵左氏記孔子之言曰陳恒弑其君民之不予者半以魯之衆加齊之半可克也程子曰此非孔子之言誠若此言是以力不以義也宋儒之論每每如此唯論其義而不問事之可爲與不可爲眞經生哉果其言之是乎叚使孔子不從大夫之後而未嘗見魯侯則亦將操弑君之賊人得而討之以獨往豈理乎是固執仁者先難而後獲耳殊不知獲者謂得報於己豈不問成敗乎蓋孔子請討陳恒道固然而聖人之作用不可得而測矣方是時

魯臣民尊信孔子。不啻君父。而陳恒之事。有志者所切齒。祇患無倡義者耳。若使哀公聽孔子之請。則魯之霸。可計日而待。而聖人之興。亦未必不在斯舉焉。此三家者之所恐也。仁齋論此章而曰。非唯一身之惡。實風俗人心之所係。又曰。夫子自任萬世之道。故恐斯義之不明于天下。此可以論文文山方孝孺之徒耳。非所以論孔子矣。且此豈容以風俗言之邪。又其論樊遲小人哉而曰。營心細務。而不知道以維持天下者。乃世俗之所務。而非聖門之所謂學也。夫道者所以平治天下也。所以

胡氏繼之曰鄭有殺逆聲罪致討雖先發後聞可也

陶冶天下也。經生輩平日以講說爲事。而謂聖人之道止是焉。故其言如此耳。按朱註所引胡氏所謂先發後聞可也。本在胡傳。宋公陳侯蔡人衛人伐鄭之事。引孔子此事。而繼之曰云云。詳其文。非謂孔子。而朱子剿其說載此。可謂謬矣。

子路問事君。子曰。勿欺也。而犯之。

【古】孔安國曰事君之道義不可欺當能犯顏諫爭

【新】犯謂犯顏諫爭○范氏曰犯非子路之所難也而以不欺爲難故夫子告以先勿欺而後犯也

【古義】孔氏曰事君之道義不可欺當能犯顏諫爭○事君之道以不欺爲本然不知犯之之義則或至於阿其所好故又曰犯之

孟子離婁篇

徵 勿欺也而犯之。人多以欺爲詐。亦有欺侮之意。子路行行。未免此失耳。孔安國曰。事君之道。義不可欺。當能犯顏諫爭。此以犯之爲勿欺之事。孟子曰。責難於君謂之恭。蓋古義也。後儒多爲勿欺與犯相反之說。非矣。

子曰君子上達小人下達

古 本爲上末爲下

新 君子循天理故日進乎高明小人徇人欲故日究乎汙下

古義 上者指道德仁義而言。下者指流俗鄙賤之事而言。此猶君子喻義小人喻利之意。言君子小人各有所達。而君子之所達在道德。小人之所達在鄙事。在鄙事故爲人之所賤。在道德故爲人之

喻於義里仁篇

下學而上達本篇

小雅北山之什小明篇

圭璋特達禮記聘義

所貴皆其所自取可不慎乎

徵 上達下達何註本爲上末爲下不知何謂邢昺謂君子達於德義小人達於財利是以喻於義喻於利作解朱子因此而曰君子循天理故日進高明小人徇人欲故日究汙下天理人欲自其家言然皆不穩它如下學而上達者與下學對其義自見因按表記曰事君不下達不尚辭非其人弗自小雅曰靖共爾位正直是與神之聽之式穀以女是蓋以事君言之與上章相比如圭璋特達之達謂通於君也何晏蓋言君子之通於君以德義小

人之通於君以財利也小人謂民也德者本也財者末也是亦古來相傳之說然攷諸儀禮昏禮下達納采用鴈鄭註將欲與彼合昏姻必先使媒氏下通其言女氏許之乃後使人納其采擇之禮是謂內通爲下達也葢君子之通於君以禮故曰上達小人則無通於君之禮故私通謂之下達何邪朱皆誤耳大氐論語言禮者多矣而後人不知之解以義理是古今學問之異也

子曰古之學者爲己今之學者爲人

古 孔安國曰爲己履而行之爲人徒能言之

新 程子曰為己欲得之於己也為人欲見知於人也(一)程子曰古之學者為己其終至於成物今之學者為人其終至於喪己愚按聖賢論學者用心得失之際其說多矣然未有如此言之切而要者於此明辨而日省之則庶乎其不昧於所從矣

古義 古人之學求之實矣故其所學無不為己之益是為己也後世之人專為利名而志道之心疎矣然人或有資其學而用之則隨其大小為人之助是為人也然於己之身心則無益豈足為學乎為己者必能成物所謂誠者非自成己而已也所以成物也若夫釣名干譽誇多鬪靡而不知用力於己之身心者既不能成己焉能成物或雖有為人之益然無為己之功其為人也亦郢書燕說可鄙之甚

徵 古之學者為己。今之學者為人。孔安國曰為己。履而行之。為人。徒能言之。古人善解論語者如此夫孔子之言。以語學也。學謂學詩書禮樂也。君子學詩書禮樂以成德於已小人徒爲人言之孔子所言止此耳。至於宋儒以此爲心術則其弊必不免於弁髦天下獨善其身者深之失也。學者察諸

蘧伯玉使人於孔子孔子與之坐而問焉曰夫子何爲對曰夫子欲寡其過而未能也使者出子曰使乎使乎

古孔安國曰伯玉衛大夫蘧瑗」言夫子欲寡其過而未能無過」陳羣曰再言使乎者善之也言使得其人

新蘧伯玉衛大夫名瑗孔子居衛嘗主於其家既而反魯故伯玉使人來也」與之坐敬其主而及其

使也夫子指伯玉也言其但欲寡過而猶未能則其省身克己常若不及之意可見矣使者之言愈自卑約而其主之賢益彰亦可謂深知君子之心而善於詞令者矣故夫子再言使乎以重美之按莊周稱伯玉行年五十而知四十九年之非又曰伯玉行年六十而六十化蓋其進德之功老而不倦是以踐履篤實光輝宣著不惟使者知之而夫子亦信之也

古義 蘧伯玉衛大夫名瑗「夫子指伯玉朱氏曰與之坐敬其主而及其使也」此言伯玉爲己之功常如不及」凡爲使者必飾詞侈言舉其主之賢而伯玉之使不稱其德而以其心之所不足者而答其主之賢愈足信故夫子再言使乎以重美之」知道之無窮而後識人之不能無過有爲己之實心而後知過之不能寡故曰過而不改是謂過矣蓋言過之不可深咎而至於不改然後爲實過也伯玉之使不曰其欲無過而曰欲寡過不曰能寡過而曰未能蓋深有合乎聖人之心宜乎夫子之深歎之也」論曰後世之學甚過緊密務制斯心欲一毫不容人指摘殊不知人非木石不能無過但在能

知其過則速改以從善也若欲强無過則不至死灰其心槁木其身必至於把捉矜持外飾内非故曰君子不貴乎無過而貴乎能改過焉

徵 仁齋先生解蘧伯玉使人於孔子章而曰知道之無窮而後識人之不能無過有爲已之實心而後知過之不能寡故曰過而不改是謂過矣蓋言過之不可深咎而至於不改然後爲實過也伯玉之使不曰其欲無過而曰欲寡過不曰能寡過而曰未能益深有合乎聖人之心宜乎夫子之深歎之也有味乎其言之

過而不改衛靈公篇

子曰不在其位不謀其政

古註無

新 重出

古義 重出

徵說無

曾子曰君子思不出其位

古 孔安國曰不越其職

新 此艮卦之象辭也曾子蓋嘗稱之記者因上章之語而類記之也○范氏曰物各止其所而天下之理得矣故君子所思不出其位而君臣上下大小皆得其職也

古義 朱氏曰此艮卦之象辭也曾子蓋嘗稱之弟子因上章之語而類記之也上章專爲謀政者言此章泛言君子平日之所期范氏曰物各止其所而天下之理得矣故君子所思不出其位而君臣

孔子思周公述而篇

患無位里仁篇

上下大小皆得其職也

徵 君子思不出其位。是艮卦之象辭。然孔子思周公而至於夜夢之。故君子之道。不可執一以廢百焉、宋儒主一無適。原於此。執一以廢百者也。蓋此章必有所指。何則。後世多以官位並稱。而古者曰官爵而已矣。上位下位。亦謂位列而已矣。非官位之謂也。凡謂之位者。皆謂其所立之位也。皆以行禮言之。故此章之言。亦必以祭言之。宗廟之中。思不出其位。語敬也。如患無位。亦謂朝廷之上。無已所立之位也。

子曰君子恥其言而過其行

古註無

新 恥者不敢盡之意過者欲有餘之詞

古義 邢氏曰有言而行不副君子所恥也」言顧行行顧言故言浮其實君子所恥嘗曰古者言之不出恥躬之不逮也君子之務實也如此

徵 君子恥其言而過其行邢昺疏君子言行相顧若言過其行謂有言而行不副君子所恥也仁齋從之然文法乖朱註恥者不敢盡之意過者欲有餘之辭分作兩截亦失而字蓋謂君子之所以過其行者恥其所已言故也

子曰君子道者三我無能焉仁者不憂知者不惑勇者不懼子貢曰夫子自道也

古註無

新自責以勉人也」道言也自道猶云謙辭〇尹氏曰成德以仁爲先進學以知爲先故夫子之言其序有不同者以此

古義君子道者言君子由此而行之也此三者皆進學成德之要與仁義禮智之目自興矣責己以明道之無窮又以此勉人也」道言也此記子貢之言以明夫子之實爲聖人言夫子所謂君子道者非佗即夫子之所自有也」此言君子成德之目以勸勉學者也其曰我無能焉者雖若謙辭然本以道之愈無窮而聖人之知益隆故也子貢知之故曰夫子自道也猶曰夫子既聖也

徵君子道者三〇言君子所道者有三也〇蓋性之德

人人而殊。唯知仁勇爲達德故君子所皆由也。夫子自道也。仁齋曰。猶曰夫子既聖也。爲是。朱子以爲謙辭。非是。

子貢方人子曰賜也賢乎哉夫我則不暇

古 孔安國曰比方人也」孔安國曰不暇比方人也

新 方比也乎哉疑辭比方人物而較其短長雖亦窮理之事然專務爲此則心馳於外而所以自治者疎矣故褒之而疑其詞復自貶以深抑之。謝氏曰聖人責人辭不迫切而意已獨至如此。

古義 方比也言比方人物而較其短長」賢乎哉似褒之而實所以深抑之也夫子言我則自脩之不暇而何暇方人」子貢方人自是有才識者之常態然好比方人物則其自治必疎矣是以君子含容沈默自治深切不以比方人物爲事益知自治之難而方人之無益也」論曰舊註曰比方人物而較

其短長雖亦窮理之事然專務爲此則心馳于外而所以自治者疎矣夫臧否人物聖人固有之矣然其論之也將以爲巳之鑒戒而非以比人爲學也若不如此而徒論人物之短長則益騖多言而於道無分毫益晦菴之學專主窮理以論人物爲格物之一端故遷就其説而不自知其盭于孔子之意也

徵子貢方人。朱註。比方人物。而較其短長。雖亦窮理之事。然專務爲此。則心馳於外。而所以自治者疎矣。仁齋曰。夫臧否人物。聖人固有之矣。然其論之也。將以爲巳之鑒戒。而非以比方人爲學矣。又曰。子貢方人。自是有才識者之常態。愚按朱子窮理及心馳於外。皆其家言。而方人者知者之事。豈翅有才識者常態哉且聖人亦豈翅以爲鑒戒哉亦將以用之也其所以抑子貢者其自以爲賢知也故曰賜也賢乎哉世儒多昧乎聖人之道卽王者之道動爲窮措大解故其言皆無作用也

子曰不患人之不已知患其不能也

【古】王肅曰徒患已之無能

【新】凡章旨同而文不異者一言而重出也文小異者屢言而各出也此章凡四見而文皆有異則聖人於此一事蓋屢言之其丁寧之意亦可見矣

【古義】朱氏曰凡章旨同而文不異者一言而重出也文小異者屢言而各出也此章凡四見而文皆有異則聖人於此一事蓋屢言之其丁寧之意亦可見矣

徵無訓

子曰不逆詐不億不信抑亦先覺者是賢乎

【古】孔安國曰先覺人情者是寧能爲賢乎或時反怨人

【新】逆未至而迎之也億未見而意之也詐謂人欺己不信謂人疑己抑反語辭言雖不逆不億而於人之情僞自然先覺乃爲賢也〇楊氏曰君子一於誠而已然未有誠而不明者故雖不逆詐不億不信而常先覺也若夫不逆不億而卒爲小人所罔焉斯亦不足觀也已

【古義】逆未至而迎之也億未見而意之也詐謂人欺己不信謂人疑己抑語辭言不逆不億則可謂誠直也而又有先覺之明焉則無爲人欺罔可謂賢矣」不逆詐不億不信唯誠直之人能之然未爲至也加之有先覺之明而無誣罔之失則非明睿之君子不能眞賢者也

【徵】抑亦先覺者是賢乎〇孔安國曰先覺人情者〇是

堯試鯀具書二典。視觀察爲政篇

寧能爲賢乎。古人之解。不失於辭者如是。不逆詐。不億不信。蓋古語也。孔子引此以戒先覺以爲智者。孔門若宰我子貢之流有流于詐黠之漸矣。聖人誠意待物。觀於堯之於鯀。必試而後正其罪。孔子必以視觀察。故以先覺爲智者。非君子之道也。後儒昧乎辭。亦不知抑亦字是字。未穩已。

微生畝謂孔子曰。丘何爲是栖栖者與。無乃爲佞乎。孔子曰。非敢爲佞也。疾固也。

古 包氏曰。微生姓。畝名。包氏曰。疾世固陋。欲行道以化之。

新 微生姓。畝名也。畝名呼夫子而辭甚倨。蓋有齒德而隱者。栖栖依依也。爲佞言其務爲口給以悅

人也疾惡也固執一而不通也聖人之於達尊禮恭而言直如此其警之亦深矣

古義 微生姓畝名栖栖依依也爲佞謂務爲口給以悅人畝蓋以夫子論人不倦爲爲佞也」固執一而不通也言我似此栖栖于世者疾夫遺世長往之士以天下爲終不可爲而堅執不返也夫子雖不斥其非然其警之亦深矣」畝蓋有齒德而隱者絕聖棄智之流故以夫子爲爲佞而夫子答之意直義明不少著形跡豈非和氣充溢觸處皆道邪蓋聖人可仕則仕可止則止欲與天下共同斯善而不敢爲過高之行豈隱者執一而不通者所能知乎哉○夫道通則行固則滯通則舉一而百順固則執一而百廢孔子曰疾固也孟子曰固哉高叟之爲詩也蓋爲此也推之學術揆之政事其是非得失成敗通塞皆自此而判可不察乎

徵 微生畝不知何人。蓋亦鄉先生。於孔子爲先輩。何也。以其名孔子也。以孔子所答爲學問之事也。

學則不固學而篇
固哉高叟孟子告子篇
好勇疾貧泰伯篇
疾沒世而名不稱衛靈公篇

棲棲者。訪求弗已貌。孔子之訪求弗已。敢以爲欲博學以騰口舌。故曰無乃爲佞乎。疾固者。疾固執一說也。是孔子語所以訪求弗已。故云爾。凡固字。如學則不固。固哉高叟之爲詩也。皆以學問言之。後儒不知之。爲一切之解。乃謂孔子欲行道以化固陋。非矣。疾字不必疾人。如好勇疾貧。疾沒世而名不稱焉。皆自疾也。

子曰驥不稱其力稱其德也

古 鄭玄曰德者調良之謂

新 驥善馬之名德謂調良也○尹氏曰驥雖有力其稱在德人有才而無德則亦奚足尚哉

【古義】驥善馬之名德謂調良也」此章如詩六義之比益馬之有驥猶人之有君子也驥非無力而不以力稱君子非無才而不以才稱然則有才而無德其爲小人也必矣

徵無說

或曰以德報怨何如子曰何以報德以直報怨以德報德

【古】德恩惠之德

【新】或人所稱今見老子書德謂恩惠也」言於其所怨既以德報之矣則人之有德於我者又將何以報之乎」於其所怨者愛憎取舍一以至公而無私所謂直也於其所德者則必以德報之不可忘也○或人之言可謂厚矣然以聖人之言觀之則見其出於有意之私而怨德之報皆不得其平也必如夫子之言然後二者之報各得其所然怨有不讐而德無不報則又未嘗不厚也此章之言明白

簡約而其指意曲折反復如造化之簡易易知而微妙無窮學者所宜詳玩也

古義 德謂恩惠」報以得其當爲是旣以德報所怨者則於其有德於我者將以何報之乎」是非邪正各隨其實不增不減曰直以此待所怨者可矣若於其有德于我者必以德報之不可忘焉若此而後兩者各得其當」以直報怨猶秦人視越人之肥瘠漠然無所用心也以德報德謂善則揚之不善則藏之也〇朱氏曰或人之言可謂厚矣然以聖人之言觀之則見其出有意之私而怨德之報皆不得其平也必如夫子之言然後二者之報各得其所然怨有不讐而德無不報則又未嘗不厚也」論曰以德報怨則害義不可行也以怨報德則賊仁不可爲也唯如夫子之言而後仁義兼盡各得其當讐諸天地之化賦與萬物而物各得其所也又曰怨與讐自不同如君父之讐不共戴天者不在此限

徵 以德報怨。何晏曰。德恩惠也。朱註盡之矣。仁齋曰。以直報怨。猶秦人視越人之肥瘠。漠然無所用心也。以德報德。謂善則揚之。不善則藏之也。妄哉。以直報怨者。當怨則怨。不當怨則不怨。當其怨之時。豈漠然無所用心乎。以德報德者。謂以恩惠報恩惠已。豈別有精微之解哉。如仁齋之言。則必在上之人而後可矣。且舜之於群下。豈皆有德於舜乎。

子曰莫我知也夫子貢曰何爲其莫知子也子曰不怨天不尤人下學而上達知我者其天乎

古 子貢怪夫子言何爲莫知己故問」馬融曰孔子不用於世而不怨天人不知己亦不尤人」孔安國

曰下學人事上知天命」聖人與天地合其德故曰唯天知已

【新】夫子自嘆以發子貢之問也」不得於天而不怨天不合於人而不尤人但知下學而自然上達此但自言其反己自脩循序漸進耳無以甚異於人而致其知也然深味其語意則見其中自有人不及知而天獨知之之妙蓋在孔門惟子貢之智幾足以及此故特語以發之惜乎其猶有所未達也

○程子曰不怨天不尤人在理當如此又曰下學上達意在言表又曰學者須守下學上達之語乃學之要蓋凡下學人事便是上達天理然習而不察則亦不能以上達矣

【古義】此夫子自道以嘆黙契者之難」下學者習人事之近也上達者造道德之奥也」朱氏曰不得於天而不怨天不合於人而不尤人但知下學而上達此但自言其反己自脩循序漸進耳無以甚異於人而致其知也然深味其語意則見其中自有人不及知而天獨知之之妙」論曰何謂天知之乎曰天無心以人心為心直則悦誠則信理到之言人不能不服此天下之公是而人心之所同然以

此自樂故曰知我者其天乎斯理也磨而不磷推而不毀雖不赫著于當時然千載之下必有識之者矣此聖人之所以自恃而忻然樂以終其身也

徵 莫我知也夫。謂世主無知孔子者也。凡古書言人不知者。皆言在上之人不知也。故曰不知。則其不能用者可知已。仁齋乃曰。嘆默契者之難。道學先生哉。不怨天。不尤人。下學而上達。是孔子自道也。其為人也若是。故天命孔子以傳先王之道於後世。而不使行道於當世。是天之知孔子也。下學而上達者。下謂今。上謂古也。謂學先王之詩書禮樂而達於先王之心也。達如中庸達天德之達。是孔子知命之言。漢儒以來。知孔子之心者尠矣。務作奥妙之解。故此章之義皆失之矣。仁齋曰。天無心。以人心爲心。直則悅。誠則信。理到之言。人不能不服。此天下之公。是而人心之所同然。以此自樂。故曰知我者其天乎。斯理也。磨而不磷。推而不毀。雖不赫著于當時。然千載之下。必有識之者矣。此聖人之所以自恃而忻然樂以終其身也。果若其言。則聖人亦唯子雲耳。且徒以公是以理到之言而論孔子之心。可謂陋已。且其不貴鬼神。故亦昧乎孔子稱天之意。孰謂仁齋先生非理學乎。

公伯寮愬子路於季孫子服景伯以告曰夫子固有惑志於公伯寮吾力猶能肆諸市朝子曰道之將行也與命也道之將廢也與命也公伯寮其如命何

【古】馬融曰愬譖也伯寮魯人弟子也」孔安國曰魯大夫子服何忌也告告孔子」孔安國曰季孫信讒恚子路」鄭玄曰吾勢力猶能辨子路之無罪於季孫使之誅寮而肆之有罪既刑陳其尸曰肆也

【新】公伯寮魯人子服氏景謚伯字魯大夫子服何也夫子指季孫言其有疑於寮之言也肆陳尸也言欲誅寮」謝氏曰雖寮之愬行亦命也其實寮無如之何愚謂言此以曉景伯安子路而警伯寮耳聖人於利害之際則不待決於命而後泰然也

【古義】公伯寮魯人愬譖也」子服氏景謚伯字魯大夫子服何也夫子指季孫言其有疑於寮之言也肆陳尸也言欲誅寮」言道之行廢皆繫於命而非寮之所能爲也」聖人之於事有言命者有不言命

者蓋於道之行廢世之治亂每必言命爲其在天而不在人也至于出處進退利害取捨之際則必言義而不言命爲其由已而不由人也夫衆人雖决於命而不堪其憂苦不知命也賢者雖能委命而不能安焉又以其不眞知命也唯聖人富貴貧賤夷狄患難無入而不自得蓋知命之至泰然自安亦靡所動于心故曰不知命無以爲君子也

徵 肆諸市朝。邢疏。引應劭曰。大夫已上於朝。士以下於市。

子曰賢者辟世其次辟地其次辟色其次辟言

古 孔安國曰世主莫得而臣」馬融曰去亂國適治邦」孔安國曰色斯舉矣」孔安國曰有惡言乃去

新 天下無道而隱若伯夷太公是也」去亂國適治邦」禮貌衰而去」有違言而後去也○程子曰四者雖以大小次第言之然非有優劣也所遇不同爾

古義 世者舉一世而言辟世者天下無道則隱蓋與世推移不露形跡非有道之士和而不流者不能故稱賢者不可斥長沮桀溺之流而言也」去亂國適治邦雖見機之速然不如辟世者之超然自得也故曰其次」不善之色見於顏面則去比辟地者則迫矣」不善之言發於口則去視辟色者則亦著矣故以此終之」君子之仕也將以其行所學也然苟有所不合則不肯枉其志以取禍也故曰君子見幾而作不俟終日辟世者隱見關于天下辟地者出處系于一國辟色者禮貌衰而去辟言者有違言而去皆雖不失身于亂世而有大小遲速之異故次第而言之

徵 無說

子曰作者七人矣

古 包氏曰作爲也爲之者凡七人謂長沮桀溺丈人石門荷蕢儀封人楚狂接輿

新 李氏曰作起也言起而隱去者今七人矣不可知其誰何必求其人以實之則鑿矣

作者之謂聖　禮記樂記

古義　作起也。言起而隱去者今七人矣。原文恐有七人之姓名，今不可考。此又上章之意。○輔氏廣曰：凡書所載，有當深索者，不深索之則失之略；有不必過求者，過求之則失之鑿。所謂當深索者，義理是也；不必過求者，此處是也。

徵　作者七人矣。作者之謂聖。述者之謂明。七人者。堯舜禹湯文武周公也。堯舜之前。雖有聖人。孔子不取焉。所以不取者。以其所作止利用厚生之事也。是孔子刪書斷自唐虞之意。曰七人矣而不斥其名者。人皆知之也。橫渠有是說。先後諸儒以介於辟世晨門之間。故以爲見幾而作之義。然見幾而作。謂之作者。古未之聞焉。

子路宿於石門晨門曰奚自子路曰自孔氏曰是知其不可而爲之者與

古 晨門者閽人也」包氏曰言孔子知世不可爲而强爲之

新 石門地名晨門掌晨啓門蓋賢人隱於抱關者也自從也問其何所從來也胡氏曰晨門知世之不可而不爲故以是譏孔子然不知聖人之視天下無不可爲之時也

古義 石門地名晨門掌晨啓門蓋賢而隱者也自從也問其何所從來也」晨門知世之不可爲而不爲故以是譏孔子」此知夫子之德而未知夫子之道者也人之不得不與人爲群猶鳥獸之與鳥獸共群人將去人而何適故曰鳥獸不可共同群吾非斯人之徒與而誰與蓋道有顯晦而無可泯之理世有升降而無不可爲之時夫子皇皇於斯世者蓋又有可爲之理而不忍坐視斯民之塗炭故也其爲仁也亦大矣晨門之徒何足以知之

【徵】是知其不可而爲之者與。蓋知其不可而不爲之者。不恭也。知其不可而爲之。孔子之所以爲至德也。晨門知之。以贊孔子。故錄之。舊註謂譏孔子也。非矣。人之譏孔子。論語豈載之哉。其載之者。必有斷焉。而是無斷焉。故知其爲贊孔子已。

子擊磬於衛。有荷蕢而過孔子之門者。曰。有心哉擊磬乎。既而曰。鄙哉。硜硜乎。莫己知也。斯已而已矣。深則厲。淺則揭。子曰。果哉。末之難矣。

【古】蕢。艸器也。有心。謂契契然。此硜硜者。徒信己而已。言亦無益。包氏曰。以衣涉水爲厲。揭。揭衣也。言隨世以行己。若過水。必以濟。知其不可則當不爲。未知己志而便譏己。所以爲果。末。無也。無難者。以

其不能解已之道

【新】磬樂器荷擔也蕢艸器也此荷蕢者亦隱士也聖人之心未嘗忘天下此人聞其磬聲而知之則亦非常人矣」硜硜石聲亦專確之意以衣涉水曰厲攝衣涉水曰揭此兩句衛風匏有苦葉之詩也譏孔子人不知已而不止不能適淺深之宜」果哉歎其果於忘世也末無也聖人心同天地視天下猶一家中國猶一人不能一日忘也故聞荷蕢之言而歎其果於忘世且言人之出處若但如此則亦無所難矣

【古義】磬樂器蕢草器也荷蕢者聞磬之聲知其有憂世之心而嘆之」朱氏曰硜硜石聲亦專確之意以衣涉水曰厲攝衣涉水曰揭此兩句衛風匏有苦葉之詩也譏孔子人不知已而不止不能適淺深之宜」果哉謂往而不返歎其果於忘世也末無也言苟不可其意則不肯有爲於世此亦無難爲者矣」夫子憂世之心不能一日忘于懷故其心自發于磬而荷蕢者聞而知之則亦非凡人但於聖

人仁天下之心則未之知也蓋聖人視天下猶一身視其胸溺猶癢痾疾痛之切于我身豈欲離世絶俗而獨善其身乎世衰學廢人不知大道之所在故高視隱者而難其所行殊不知人之所難者在於周旋人事維持世道使不至于禽獸若夫絶世離俗獨善其身何難之有

【徵】蕢。說文引論語作臾。臾也。臾蓋蕢所受。爲今一斗四升三合餘。故蕢又稱臾爾。有心哉。何晏曰。有心謂契契然。邢昺引小雅大東契契寤歎。毛萇云。契憂苦也。朱氏所以不取者。嫌以憂苦視孔子也。殊不知聖人亦人耳。豈不憂苦乎。且聞磬而識其有心於天下。非憂苦之聲而何。又按升庵曰。何晏註曰。硜硜猶碌碌也。晉范弘之傳。雖有硜硜之稱。

升庵外集經說

而非大雅之致。一作踁踁。今何晏註無硜硜之解。

子張曰：書云高宗諒陰三年不言，何謂也？子曰：何必高宗，古之人皆然。君薨，百官總已以聽於冢宰三年。

古 孔安國曰：高宗，殷之中興王武丁也。諒，信也。陰猶默也」馬融曰：已，百官」孔安國曰：冢宰，天官卿佐王治者。三年喪畢，然後王自聽政。

新 高宗，商王武丁也。諒陰，天子居喪之名，未詳其義」言君薨則諸侯亦然。總已，謂總攝已職。冢宰，大宰也。百官聽於冢宰，故君得以三年不言也。〇胡氏曰：位有貴賤，而生於父母無以異者，故三年之喪，自天子達於庶人。子張非疑此也，殆以爲人君三年不言，則臣下無所稟令，禍亂或由以起也。孔子告以聽於冢宰，則禍亂非所憂矣。

古義 高宗，商王武丁也。諒陰，鄭氏讀作諒闇，言天子居倚廬不言，謂不論議政事也」古者世淳民忠其執親之喪三年悲哀未嘗言家事故曰古之人皆然諸侯死曰薨豈殷之時天子之死亦言薨而夫子仍稱之緫總已謂總攝已職冢宰大宰也百官聽於冢宰故君得三年不言也」商道中衰諒陰之禮久廢不行獨武丁能舉而行之見哀戚之深能盡人子之道宜乎其中興商道而得稱高宗也

○按三年不言者謂專委冢宰不敢言事非緘口而不言也孔子曰予欲無言子貢曰子若不言則小子何述焉亦非曰欲緘口無言也蓋欲無與門人論道也古文書云既免喪其惟不言又曰王言惟作命不言臣下罔攸稟令出於後世之附會明矣

微 君薨百官總已以聽於冢宰三年蓋殷天子久無三年之喪高宗特行之故喪服四制曰載之書中而高之故孔子引諸侯之禮其禮弗傳故也凡古書曰君者諸侯也中庸曰周公成文武之德追

王大王王季上祀先公以天子之禮斯禮也達乎
諸侯大夫及士庶人父爲大夫子爲士葬以大夫
祭以士父爲士子爲大夫葬以士祭以大夫期之
喪達乎大夫三年之喪達乎天子父母之喪無貴
賤一也是三年之喪達乎天子周公所定也蓋殷
天子禮所以廢三年喪者以節文不備故也周公
備其節文而後不可得而廢焉故屬諸周公如舊
說則武王周公所以爲達孝者至於祭以大夫而
止期之喪已下爲贅言且殷世及周立孫則昭穆
之禮亦昉於周公是中庸之外它書不載也可以

禮記檀弓子張問曰書云高宗三年不言言乃讙有諸仲尼曰胡爲其不然也古者天子崩王世子聽於冢宰三年

商女子夏喪其子章

見已檀弓載此而引天子之禮記者之不善也世儒多謂諸書直記孔子之言殊不知言也者不可筆者也故諸書記孔子之言皆脩辭者也脩辭隨記者之意故不同焉不必皆異時之言也諸書但論語中庸其辭如精金美玉可以爲據已人或執檀弓文之美者也是誠然然其書後子思曰商女亦異於論語諸子相字者也曰廢其祀剣其人先王之禮豈有之哉是吾於檀弓所以亦有不取者也祗此章主意在不言而不在三年故孔子以百官總已聽於冢宰以明之學者其察諸仁齋先生

疑殷之時天子之死亦曰薨歟者蓋未識君字耳。

子曰上好禮則民易使也

古 民莫敢不敬故易使

新 謝氏曰禮達而分定故民易使

古義 上之於民莫不欲其易使也然每不得若其所欲者蓋不得其道也夫治國平天下一以禮爲本而後上下辨而民志定昔者先王之御民也一號令之發一政事之出其應之猶水之就下不敢後者民能知上下之辨而莫敢不敬故也故治民之要在禮而不在法」論曰夫子之教人曰德曰學曰禮曰義必以好爲上嘗曰上好禮則民莫敢不敬上好義則民莫敢不服上好信則民莫敢不用情又曰吾未見好德如好色者也蓋好則熟熟則驗驗則其應無窮矣漢唐以來莫不置禮閣設禮官以講儀文度數之詳然而徒爲虛器不達於天下者豈非纔供文具而好之之心未至故乎孟子

曰上有好者下必有甚焉者矣亦謂好之之益甚大也

【徵】孔子每曰好古好學好德好仁好禮好義。而無好知之教。故知仁義禮智。孔子時所無也。蓋禮義者道也。道者古之道也。學者學之也。德者有德之人也。仁者仁德也。觀其所好。而孔子之心可知矣。

子路問君子子曰脩己以敬曰如斯而已乎曰脩己以安人曰如斯而已乎曰脩己以安百姓脩己以安百姓堯舜其猶病諸

【古】孔安國曰敬其身」孔安國曰人謂朋友九族」孔安國曰病猶難也

【新】脩己以敬夫子之言至矣盡矣而子路少之故再以其充積之盛自然及物者告之無佗道也人

者對已而言百姓則盡乎人矣堯舜猶病言不可以有加於此以抑子路使反求諸近也蓋聖人之心無窮世雖極治然豈能必知四海之内果無一物不得其所哉故堯舜猶以安百姓爲病若曰吾治已足則非所以爲聖人矣○程子曰君子脩已以安百姓篤恭而天下平唯上下一於恭敬則天地自位萬物自育氣無不和而四靈畢至矣此體信達順之道聰明睿知皆由是出以此事天饗帝

古義 已者對人之稱脩已者安民之本以此治國平天下亦無難爲者敬者無衆寡無小大無敢慢之謂」百姓者盡人之稱益脩已以敬則既盡矣然以子路猶少之故再三言之以明其脩已之外無復餘法也」此極言脩已之效而以堯舜其猶病諸明其功之甚大而難及也」脩已者治人之本仁以體之禮以存之而後可以脩已敬者治民之要安者功用之盛皆無出于脩已之外益推脩已之極功則堯舜之盛亦不過此舜之恭已而正南面子思所謂篤恭而天下平皆此義也」論曰古人言敬者多矣或就天道而言或就祭祀而言或就尊長而言或就政事而言皆有所敬而然曰脩已以敬

克巳顏淵篇

九經中庸

曰居敬而行簡皆以敬民事而言未有無事而徒言敬者也若後世之言敬者異哉

【徵】脩己以敬。不言所敬。敬天也。仁齋曰。敬民事。君子豈無王事乎。要之民事王事皆天職也。故敬天爲本。脩己以安人。脩己以安百姓。克己復禮爲仁。九經首脩身。一也。

原壤夷俟子曰幼而不孫弟長而無述焉老而不死是爲賊以杖叩其脛

【古】馬融曰原壤魯人孔子故舊夷踞俟待也踞待孔子」賊謂賊害」孔安國曰叩擊也脛腳脛

【新】原壤孔子之故人母死而歌蓋老氏之流自放於禮法之外者夷蹲踞也俟待也言見孔子來而蹲踞以待之也述猶稱也賊者害人之名以其自幼至老無一善狀而久生於世徒足以敗常亂俗

則是賊而已矣脛足骨也孔子既責之而因以所曳之杖微擊其脛若使勿蹲踞然

古義 原壤魯人孔子故舊夷踞俟待也見孔子來而蹲踞以待之也」述猶稱也賊害也幼而不孫弟不順上也長而無述無善狀也老而不死久偷生也故曰賊也孔子歷責其已往者以警其將來也」敗風俗害人倫惡之大者也以聖人之盛德於故舊之人其責之猶無所恕如此孟子曰飽食煖衣逸居而無教則近於禽獸其原壤之倫乎

徵 原壤孔子之故舊也檀弓曰孔子之故人曰原壤其母死夫子助之沐椁原壤登木曰久矣予之不託於音也歌曰貍首之斑然執女手之卷然夫子爲弗聞也者而過之從者曰子未可以已乎夫子曰丘聞之親者毋失其爲親也故者毋失其爲

故也。益孔子爲其人親治其母之椁。則知其在鄉黨爲故相親狎之人也。孔子以杖叩其脛。亦以戲行之。苟非親狎。豈如此乎。亦可以見君子愷悌之德已。原思記之具悉。爲是故也。今人遽見以爲孔子撻之。大非矣。

闕黨童子將命。或問之曰。益者與。子曰。吾見其居於位也。見其與先生並行也。非求益者也。欲速成者也。

【古】馬融曰。闕黨之童子將命者。傳賓主之語出入。童子隅坐無位。成人乃有位。包氏曰。先生。成人也。並行不差在後。違禮。欲速成人者。則非求益也。

【新】闕黨。黨名。童子。未冠者之稱。將命。謂傳賓主之言。或人疑此童子學有進益。故孔子使之傳命以寵異之也」禮童子當隅坐隨行孔子言吾見此童子不循此禮非能求益但欲速成爾故使之給使令之役觀長少之序習揖遜之容蓋所以抑而教之非寵而異之也

古義 闕黨黨名童子未冠者之稱將命謂傳賓主之言益童子初入門不待夫子之命自進而將命也」將命長者之職也童子而行之故或疑其為益者也」禮童子當隅坐父之齒隨行兄之齒雁行孔子言吾見此童子不循此禮」求益者自卑以牧今此童子如此則欲速成者爾」此因上章而類記之猶前篇公冶長可妻及子華使於齊章之意益原壤嚴以論之也童子寬以育之也聖人之道溫威並行而不拘于一如此亦編者之微意也」論曰夫子之於童子豈無甚過寬乎蓋聖人之教人也以開導誘掖為務而不以束縛羈絏為事譬諸植樹屈幹蟠枝者雖足悅其觀然不見其達材生於岑蔚間者不煩人力自有棟梁之材所謂如時雨化之者是也夫子之於童子欲長育其材而不欲強成之也實造化涵育之功不可以過寬目之也

【徵】闕黨章仁齋先生曰夫子之於童子豈無甚過寬乎蓋聖人之教人也以開導誘掖爲務而不以束縛覊絏爲事譬諸種樹屈幹蟠枝者雖足悅其觀然不見其達材生於岑蔚間者不煩人力自有棟梁之材所謂如時雨化之者是也夫子之於童子欲長育其材而不欲强成之也實造化涵育之功不可以過寬目之也有味乎其言之豈翅闕黨童子乎孔門之教皆使人自得之而不强聒之故其於童子也亦使之習與性成是孔子之教也又

按曲禮曰問士之子長曰能典謁矣幼曰未能典

謁也童子將命亦古之道也朱子謂或人疑此童子學有進益故孔子使之傳命以寵異之非也或人在孔子之時亦必知典謁爲童子之職豈以此爲寵異之乎亦見其居於位也見其與先生並行也故疑其以益者故先生長者進而與之友是所以問也孔子曰吾見其居於位也見其與先生並行也非求益者也可見或人所以疑者適足見其非益者已益者卽益者三友也求益者取於友也非進益之義言其不知取於友之道則其非益者不言自明矣宋儒不知古文辭故解非其解也

益者三友季氏篇

論語徵集覽卷之十四終

論語徵集覽卷之十五

魏　何晏　集解
宋　朱熹　集註
大日本　藤維楨　古義
物茂卿　徵
從四位侍從源賴寬　輯

衛靈公第十五

衛靈公問陳於孔子孔子對曰俎豆之事則嘗聞之矣軍旅之事未之學也明日遂行

古 孔安國曰軍陳行列之法孔安國曰俎豆禮器鄭玄曰萬二千五百人爲軍五百人爲旅軍旅末

管仲九合前篇

晏子折衝於樽俎見內篇

曾子所謂泰伯篇

子貢云爾子張篇

事本末立不
可教以末事

新 陳謂軍師行伍之列俎豆禮器尹氏曰衞靈公無道之君也復有志於戰伐之事故答以未學而去之

古義 陳謂軍師行列之法俎豆禮器軍旅之事夫子非不知也特非所以爲訓故曰未之學也

徵 俎豆之事則嘗聞之矣軍旅之事未之學也管仲九合諸侯不以兵車孔子深與之其志可見耳俎豆猶樽俎謂衣冠之會如晏子折衝於樽俎曾子所謂籩豆之事亦以朝聘會同言之蓋以兵威服鄰國不如以禮率之方是時文武之道未墜地而在人子貢云爾是豈後世儒者所謂道乎亦言

禮耳以禮率之諸侯欲不從之豈可得乎仁齋先生引以禮讓爲國是其意謂孔子答靈公猶孟子說齊梁君耳殊不知明日遂行方是時必有事矣不爾一言不合孔子豈遽去哉況俎豆之爲朝聘會同者彰彰乎且使孔子見用於當時則必有事事焉不然而曰吾修吾德天下必率服則宋襄徐偃之類耳可謂不知時務已孔子而豈如是其拙哉或曰軍旅之事未之學也孔子果不知歟將知之爲不知歟曰孔子何不知也何則孔子見用必爲卿矣三卿出則將三軍焉是軍旅之事君子所

禮記哀公問篇

顏子告一而知十公冶長篇

當學也而孔子所以云爾者恭也對君之詞也小戴記哀公問於孔子曰大禮何如君子之言禮何其尊也孔子曰丘也小人不足以知禮大戴記公曰教他人則如何子曰否丘則不能凡此之類不一而足知而曰不知能而曰不能皆禮也何則曰知曰能未嘗有所窮極者也凡論孔子之事者不求諸禮皆失之矣且先王之道在人雖孔子豈徧得天下之人而悉學之乎故君子知之而曰不知是其所矣顏子告一而知十孔子之知之亦猶知是夫故其於文武之道非學而盡之者亦審矣故

孔子曰未之學也而謂孔子無所不知者。它人之言耳。

在陳絶糧從者病莫能興子路慍見曰君子亦有窮乎子曰君子固窮小人窮斯濫矣

【古】孔安國曰從者弟子興起也孔子去衛如曹曹不容又之宋遭匡人之難又之陳會吳伐陳陳亂故乏食濫溢也君子固亦有窮時但不如小人窮則濫溢爲非

【新】孔子去衛適陳興起也何氏曰濫溢也言君子固有窮時不若小人窮則放溢爲非程子曰固窮者固守其窮亦通○愚謂聖人當行而行無所顧慮處困而亨無所怨悔於此可見學者宜深味之

【古義】孔子去衛適陳糧絶從者困病莫能興濫溢也言富貴在天故君子固有時而窮然不若小人窮則放溢爲非也或曰在春秋戰國之時軍旅之事宜在所先而俎豆之事疑若不急者殊不知國

以孔子爲迂子路篇

之所以爲國者以有夫天敘天秩者實維持之也苟以禮讓爲國則孝順和睦之風興君民上下之情親協力一心尊君親上其強孰禦焉不然三綱淪九法斁人有離心國誰與立軍旅雖精果何所用哉故曰威天下不以兵革之利言王道易易也靈公得夫子之大聖而失其所問惜哉

徵君子固窮古註君子固亦有窮時得之程子爲固守其窮失乎辭矣且謂貧賤爲窮後世之言也乃道窮之謂已不爾子路何曰君子亦有窮乎蓋謂君子當知時務豈有狼狽之時乎慍非怒孔子矣怫鬱之至發此言故曰慍見亦以孔子爲迂也遭難而怫鬱方寸將亂故告以小人窮斯濫矣何則以孔子爲迂其究必至濫也

子曰賜也汝以予爲多學而識之者與對曰然非與曰非也予一以貫之

古 孔安國曰然謂多學而識之孔安國曰謂今不然善有元事有會天下殊塗而同歸百慮而一致知其元則衆善舉矣故不待多學一以知之

新 問子貢之學多而能識矣夫子欲其知所本也故以發之方信而忽疑蓋其積學功至而亦將有得也說見第四篇然彼以行言而此以知言也○謝氏曰聖人之道大矣人不能徧觀而盡識宜其以爲多學而識之也然聖人豈務博者哉如天之於衆形匪物物刻而雕之也故曰予一以貫之德輶如毛毛猶有倫上天之載無聲無臭至矣尹氏曰孔子之於曾子不待其問而直告之以此曾子復深喻之曰唯若子貢則先發其疑而後告之而子貢終亦不能如曾子之唯也二子所學之淺深於此可見愚按夫子之於子貢屢有以發之而他人不與焉則顏曾以下諸子所學之淺深又可見

矣

【古義】子貢嘗務多識而未知其要故夫子問以發之」子貢因夫子之言而略悟其非也」說見第四篇夫子之學極其廣大猶天地之包含萬物而無所不在也豈多學而識之者乎哉蓋一與多學正相反一則得二三則失一則成二三則敗故爲學者不馳旁蹊不求多岐一而又一至於至一之地焉則五常百行禮樂文章合湊會歸不須外求斯之謂一以貫之與夫多學而識之者不啻霄壤矣

【徵】宋儒謂孔子告一貫。曾子以行。子貢以知。非也。古之學。皆教之以事。而不言其理。欲學者之自得之也。習於事而自知之。曾子子貢一也。分知行者宋儒家學耳。又以一貫爲孔門傳授心法者。倣顰浮屠拈華微笑者已。又謂唯二子得聞。而它人不

吾無隱述而篇

升庵外集經說

大史公曰史記自序傳

與焉豈其然蓋孔子言一以貫之而不謂一爲何矣難以言明也故非通六藝者則固不可與聞是言然如吾無隱乎爾亦此意也豈如後世以爲大小大事哉又如以然非與爲方信而忽疑亦謬矣

升庵曰子貢非不知也蓋辭讓而對事師之禮也鬻子對文王武王成王皆曰唯疑豈方唯而亦疑乎對君之體也大史公曰唯唯否否蓋古之對友亦如此亦可以證矣

子曰由知德者鮮矣

古 王肅曰君子固窮而子路慍見故謂之少於知德者

書皐陶謨皐陶曰都在知人在

新 由呼子路之名而告之也德謂義理之得於己者非己有之不能知其意味之實也〇自第一章至此疑皆一時之言

此章蓋爲慍見發也

古義 此亦夫子呼子路之名而言知德之難以歎學者之不能自勉也」夫子嘗歎好德不如好色凡事知其爲美則必好之人苟知德之爲美如口之於芻豢則夫誰不好其不知好者皆不知德故也」

論曰古人以德行爲學問外德行別無所謂學問者故學問成則德自立身自脩而措之家國天下亦無難焉後世以德行爲德行以學問爲學問而不知以德行爲學問故有志於脩身則以力把捉有意於經世則以法維持而其少有知者亦專務依倣假借而不免於德愈荒也

徵 由知德者鮮矣謂人多不知有德之人也朱註謂非己有之不能知其意味之實也可謂不知古言已夫知人帝所難故曰鮮矣南容引羿奡禹稷

安民禹曰咸若時惟帝其難之南容引前篇

孔子以尚德稱之。子路慍見之不知德可以見己。蓋有德之人自天祐之。一時之厄。豈足憂哉。所謂知德。豈翅知孔子爲有德之人乎。亦知有德之人天不棄之也。

子曰無爲而治者其舜也與夫何爲哉恭己正南面己矣

古 言任官得其人故無爲而治

新 無爲而治者聖人德盛而民化不待其有所作爲也獨稱舜者紹堯之後而又得人以任衆職故尤不見其有爲之迹也恭己者聖人敬德之容既無所爲則人之所見知此而已

古義 無爲而治者言無所作爲而自致治平也恭己南面人君之象也此夫子贊舜之德獨度越于群

聖人也夫。聖堯舜爲盛。若堯唯天爲大。唯堯則之。固不待贊焉。舜則納賓巡狩。封山濬川。亦多事矣。然不見其有爲之迹。所謂立之斯立。道之斯行。綏之斯來。動之斯和。是也。所以獨稱舜爲無爲而治也。

徵 無爲而治。古來以得人言。故舜特以此稱之。如文王獨以無憂稱已。仁齋乃引立之斯立。道之斯行。綏之斯來。動之斯和。是凡聖人皆爾。豈特舜而已哉。是其意謂得人而無爲。以此稱舜。非其至焉者。殊不知堯蕩蕩之大。以允恭克讓。而允恭克讓所以得人也。皐陶之謨。安民知人。盡萬古帝王之道。而安民非知人則不得。故虞廷賡歌。專言任下

文王以無憂稱 中庸

允恭克讓 書堯典

皐陶之謨見上

虞廷賡歌 書益稷篇

正墻面陽貨篇

意而虞書以此終焉故萬古治天下之道以此爲至焉者而舜之爲大聖豈出此外邪恭己正南面亦惟形容其無所爲耳正南面者南面也如正墻面及司儀職不正其主面之正古言也猶謂正面南正面墻不正面其主也

子張問行子曰言忠信行篤敬雖蠻貊之邦行矣言不忠信行不篤敬雖州里行乎哉立則見其參於前也在輿則見其倚於衡也夫然後行子張書諸紳

古 鄭玄曰萬二千五百家爲州五家爲鄰五鄰爲里行乎哉言不可行包氏曰衡軛也言思念忠信立則常想見參然在目前在輿則若倚衡軛孔安國曰紳大帶

【新】猶問達之意也」子張意在得行於外故夫子反於身而言之猶答干祿問達之意也篤」厚也蠻南蠻貊北狄二千五百家爲州」其者指忠信篤敬而言參讀如毋往參焉之參言與我相參也衡軛也言其於忠信篤敬念念不忘隨其所在常若有見雖欲頃刻離之而不可得然後一言一行自然不離於忠信篤敬而蠻貊可行也」紳大帶之垂者書之欲其不忘也○程子曰學要鞭辟近裏著己而已博學而篤志切問而近思言忠信行篤敬立則見其參於前在輿則見其倚於衡即此是學質美者明得盡渣滓便渾化卻與天地同體其次惟莊敬以持養之及其至則一也

【古義】子張憂事多沮滯不如已意故問行」篤厚也蠻南蠻貊北狄無禮義之國二千五百家爲州州里謂已之鄉里」此勉爲忠信篤敬之無間斷也朱氏曰參讀如毋往參焉之參言與我相參也衡軛也言其於忠信篤敬念念不忘隨其所在常若有見雖欲頃刻離之而不可得然後蠻貊可行也」紳大帶之垂者書之欲其不忘也」學問之要在乎專與熟不專則無功不熟則無驗凡有志於道者孰

不知忠信篤敬之爲美，然未見其功驗如此者，不專不熟故也。其必用志之專，用力之熟，而後見其參于前倚于衡，而其行沛然，孰能禦焉。子張問行，又猶問達之意，皆學問之難事。故夫子之所答，丁寧反復，不厭其言之繁，學者不可不熟察而深體焉」。論曰：忠信學問之本，篤敬學問之地，始終全體盡之矣。後世儒者以爲忠信篤敬是日用常行之務，非窮遠極高之論，而別立一般宗旨，殊不知道者實理也，學者實務也，豈外忠信篤敬而別有所謂高遠者哉？故知道者其言近而實，故用之而愈不竭；不知道者其言遠而虛，故無益於日用。離忠信篤敬而言道者，非知道者也。但要忠信者必流於硜硜，務篤敬者必陷於把捉，此亦學者之所當慮也。

徵 篤與敬別，非篤其敬也。大氐丁寧懇到之意。接人爲忠，在己爲篤。仁齋先生以忠信篤敬爲學問之道，豈學問之道乎？君子之道所以行也。故子張

孔子所謂述而篇

詩衛風淇奧篇

問行。而孔子告之以此。後儒皆謂學作聖人。是自孔子所不言。故外孔子而別立宗旨耳。孔子所謂學而不厭者。謂誦習詩書禮樂以終其身也。豈忠信篤敬之謂乎哉。假使其人果能忠信篤敬。不學先王之道。亦鄉人耳。仁齋之言。亦宋儒鞭辟近裏著之遺耳。立則見其參於前也。在輿則見其倚於衡也。此二句古語也。言不相離也。參。韓愈筆解古驂字。得之。前。周禮大行人職曰。立當前疾。鄭玄以輈前解之。倚。輈也。詩衛風猗重較兮。孔穎達以倚此重較之車解之。非矣。考工記輿人鄭註較兩輢

輗軏之喻爲政篇

上出式者。是輢兩邊植木。較横輢上。輢兩而較一。衡風猗卽。輢重平聲。君子有金錫圭璧之美。加之以寬綽。如輢上加較。故曰猗重較兮。驂之於轅前。輢之於衡。皆不相離之喻也。立與在輿。互文耳。蓋主安車言之。故在輿言坐耳。車中立則見驂與前之不相離也。坐則見輢與衡之不相離也。是兩見字無意。但以不相離爲義。孔子引此以謂己與人不相離。然後道行也。而其所以不相離之道。則忠信篤敬焉。如輗軏之喻。然此孔子之意也。如朱子解。一如禪子提撕話頭。古豈有之哉。可笑之甚。

子曰直哉史魚邦有道如矢邦無道如矢君子哉蘧伯玉邦有道則仕邦無道則可卷而懷之

古　孔安國曰衛大夫史鰌」孔安國曰有道無道行直如矢言不曲」包氏曰卷而懷謂不與時政柔順不忤於人

新　史官名魚衛大夫名鰌如矢言直也史魚自以不能進賢退不肖既死猶以尸諫故夫子稱其直事見家語伯玉出處合於聖人之道故曰君子卷收也懷藏也如於孫林父甯殖放弑之謀不對而出亦其事也○楊氏曰史魚之直未盡君子之道若蘧伯玉然後可免於亂世若史魚之如矢則雖欲卷而懷之有不可得也

古義　史官名魚衛大夫名鰌如矢言直也」伯玉出處合於聖人之道故曰君子卷收也懷藏也」此言二子皆衛賢臣而其行自不同也若子魚能伸而不能屈知正已而不知成物惟可謂之直伯玉因

用舍行藏述而篇

大東詩小雅小旻之什

時屈伸卷舒隨宜可以成己可以成物故謂之君子也

徵 楊氏曰。若史魚之如矢。則雖欲卷而懷之。有不可得也。是固爾。然孔子所以稱伯玉云爾者。謂其有道也。卷其道而懷之也。是正與用舍行藏同意。古人以矢諭直。故大司寇職曰。以兩造禁民訟。入東矢於朝。然後聽之。大東詩曰。周道如砥。其直如矢。噬嗑曰。得金矢。可以見已。

子曰可與言而不與之言失人不可與言而與之言失言知者不失人亦不失言

古新無注

知者利仁里仁篇

【古義】失人則善不周矣失言則道必瀆矣

【徵】知者不失人亦不失言。或曰。不失人仁也不失言。知也。聖人言知必有仁在然不失人者知者之事也。非仁也。知者利仁。豈全不相關乎。

子曰志士仁人無求生以害仁有殺身以成仁

【古】孔安國曰無求生而害仁死而後成仁則志士仁人不愛其身也

【新】志士有志之士仁人則成德之人也理當死而求生則於其心有不安矣是害其心之德也當死而死則心安而德全矣〇程子曰實理得之於心自別實理者實見得是實見得非也古人有損軀隕命者若不實見得惡能如此須是實見得生不重於義生不安於死也故有殺身以成仁者只是成就一箇是而已

去仁惡乎成名里仁篇下孔子嘗曰同

古義 志士有志之士仁人則成德之人也求生謂求生路也志士其志有所不爲仁人其德足以成物其德雖不同而其於仁也一也生乎以之死乎以之君子違仁惡乎成名志士之所期仁人之所立大矣哉

徵 志士仁人無求生以害仁有殺身以成仁謂龍逢比干之徒也仁齋先生引君子去仁惡乎成名可謂善解已孔子嘗曰造次必於是顛沛必於是至於此則死生必於是究言之也蓋先王之道安民之道也志士志於此焉仁人成德於此焉朱子曰理當死而求生則於其心有不安矣是害其心之德也當死而死則心安而德全矣是其心學之

仁管仲前篇

天下無不是底父母孟子離婁篇瞽瞍底豫朱註引羅仲素語

説吁亦小矣哉豈得以爲仁乎程子曰殺身以成仁者只是成就一箇是而已是宋儒汨沒是非海裏也成就一箇是豈可以爲仁哉夫成就一箇是以爲仁則召忽仁矣而孔子不仁召忽而仁管仲其妄可知已如天下無不是底父母宋儒以爲至言夫使舜以瞽瞍爲是豈足以爲舜乎孝子之心是則是不是則不是未嘗以親之不是爲是矣雖以爲不是其無怨怒之心是孝子也宋儒汨沒是非海裏故終不能離是非以言之悲哉

子貢問爲仁子曰工欲善其事必先利其器居是邦

也事其大夫之賢者友其士之仁者

古 孔安國曰言工以利器爲用人以賢友爲助

新 賢以事言仁以德言夫子嘗謂子貢悅不若己者故以是告之欲其有所嚴憚切磋以成其德也○程子曰子貢問爲仁非問仁也故孔子告之以爲仁之資而已

古義 爲猶助也猶爲衛君之爲大夫從政故以其才而言士未與政故以其德而言工不利其器則其事不善人無賢師友則其德不成薰陶漸磨之益可謂甚大所謂魯無君子者斯焉取斯是也曾子亦曰以友輔仁蓋言不可不以賢友爲助也

徵 子貢問爲仁爲仁如克己復禮爲仁謂行仁政也程子曰非問仁也故孔子告之以爲仁之資而已仁齋又因資字而訓爲爲助夫爲衛君之爲訓

克己復禮爲仁
顏淵篇

子賤事見說苑

助者。明其爲去聲也。豈異義乎。可謂倭人哉。蓋子貢多智。有自用之失。故告之。欲行仁政。必須人才也。事其大夫之賢者。友其士之仁者。據子貢之今日而言之耳。子賤爲單父宰。所父事者三人。所兄事者五人。所友者十一人。豈不然乎。且先王安民之道。仁盡之矣。然有勇智忠和種種之德者。仁必待衆德而後成焉。故先王之道。仁盡之矣。而未嘗言仁盡之者。爲是故。故王者之治天下。必須人才而後治。又按。孔子少許仁。則仁者宜若少。而此曰其士之仁者。是仁者亦易得也。蓋事其大夫之賢者。友其士之仁者。亦古語。而孔子稱之耳。

顏淵問爲邦子曰行夏之時乘殷之輅服周之冕樂則韶舞放鄭聲遠佞人鄭聲淫佞人殆

【古】據見萬物之生以爲四時之始取其易知馬融曰殷車曰大輅左傳曰大輅越席昭其儉也」包氏曰冕禮冠周之禮文而備取其黈纊塞耳不任視聽」韶舜樂也盡善盡美故取之」孔安國曰鄭聲佞人亦俱能惑人心與雅樂賢人同而使人淫亂危殆故當放遠之

【新】顏子王佐之才故問治天下之道曰爲邦者謙辭」夏時謂以斗柄初昏建寅之月爲歲首也天開於子地闢於丑人生於寅故斗柄建此三辰之月皆可以爲歲首而三代迭用之夏以寅爲人正商以丑爲地正周以子爲天正也然時以作事則歲月自當以人爲紀故孔子嘗曰吾得夏時焉而說者以爲謂夏小正之屬蓋取其時之正與其令之善而於此又以告顏子也」商輅木輅也輅者大車

之名古者以木爲車而已至商而有輅之名蓋始異其制也周人飾以金玉則過侈而易敗不若商輅之朴素渾堅而等威已辨爲質而得其中也」周冕有五条服之冠也冠上有覆前後有旒黃帝以來蓋已有之而制度儀等至周始備然其爲物小而加於衆體之上故雖華而不爲靡雖費而不及奢夫子取之蓋亦以爲文而得其中也」取其盡善盡美放謂禁絶之鄭聲鄭國之音佞人卑諂辯給之人殆危也○程子曰問政多矣惟顏淵告之以此蓋三代之制皆因時損益及其中也不能無弊周衰聖人不作故孔子斟酌先王之禮立萬世常行之道發此以爲之兆爾由是求之則餘皆可考也張子曰禮樂治之法也放鄭聲遠佞人法外意也一日不謹則法壞矣虞夏君臣更相戒飾意蓋如此又曰法立而能守則德可久業可大鄭聲佞人能使人喪其所守故放遠之尹氏曰此所謂百王不易之大法孔子之作春秋蓋此意也孔顏雖不得行之於時然其爲治之法可得而見矣

古義 爲者創爲之謂創造紀綱法度也周禮冢宰掌邦治以佐王均邦國是也與問治國自異也」時

謂春夏秋冬周以斗柄初昏建子之月爲歲首殷以建丑之月爲歲首夏以建寅之月爲歲首然春者蠢蠢然物自發生故唯夏之正爲得天時之正也」殷輅木輅也儉素渾堅而等威易辨是以質爲尚」冕禮冠周冕華而有飾蓋其爲物小而加於衆體之上故以文爲尚」韶舜之樂取其盡善盡美上文旣損益三代之禮而論之故此特舉舜之樂而示之顏子王佐之材故以治天下之法告之也」鄭聲鄭國之音佞人辨給之人淫聲能蕩人志佞人能危人國故放而遠之」治天下以仁爲本而夫子告顏子特以四代之禮樂者何哉蓋因其問爲邦故折衷四代之制以示之此其所以異也夫法必有弊道則無弊先王之制雖因時勢順民心而立之然及其久也不能無弊夫子於是就四代之制各舉其一事以示其梗槩蓋行夏之時取其正也乘殷之輅貴其質也服周之冕從其文也樂則韶舞者尚美善之極也放鄭聲遠佞人者防害治之本也所謂萬世不易之常道兼文質存法戒治天下之道盡矣

用舍述而天縱
子罕語

徵 制作禮樂。革命之事。君子諱言之。故顏子止問爲邦。而孔顏之時。革命之秋也。且顏子用舍行藏。與孔子同。若天縱之。亦聖人矣。故孔子以制作禮樂告之。後儒必曰亞聖。亦浮屠補處菩薩之見耳。此章。先儒以爲萬代不易之制。豈知此正以孔顏之時言之耳。若果有所謂萬代不易之制者。則堯舜禹湯文武周公。皆非聖人焉。且孔子所告。豈容行之於今世哉。豈在其爲萬世不易之制哉。世儒之不知禮樂。一至斯極邪。夏時。殷輅。周冕。禮也。韶樂也。聖人之治天下。禮樂盡焉。鄭聲害乎樂。佞人

升庵文集禮樂部

害乎禮侫人有口才者朱註卑謟辨給之人謬矣聖人之立禮也使天下之人固守之而變亂法制者必口才之人也故遠之後儒之不知先王禮樂之意者皆以己之所見而變亂先王之教法要之不免侫人之歸哉吾所以不取孟子以下者爲是故國風徒歌也故存鄭衞鄭聲者被之於聲樂故放之世有鄭聲則民不好樂所以放也升庵說水溢於平曰淫水雨過於節曰淫雨聲濫於樂曰淫聲考工記曰善坊者水淫左傳曰歲在星紀而淫於玄枵後世解鄭風皆爲淫詩謬矣此說爲是大

氏聲樂可娛之甚。謂之淫已。

子曰人而無遠慮必有近憂

古 王肅曰君子當思患而預防之

新 蘇氏曰人之所履者容足之外皆爲無用之地而不可廢也故慮不在千里之外則患在几席之下矣

古義 慮不及久遠之外則憂心起於至近之地家國天下莫不皆然此言甚近然從之則吉違之必凶神明所不如著蔡所不及其可不謹畏佩服也哉○宋李文靖公治居第廳事前僅容旋馬或言其太隘公笑曰居第當傳子孫此爲宰輔廳事誠隘爲太祝奉禮廳事則已寬矣此亦可謂遠慮之一事矣

徵 人無遠慮。必有近憂。大矣哉。此言。可以盡聖人之道已。聖人智大思深。故其道深遠焉。當世之人。豈不尊孔子哉。其所以不能用孔子者。皆以爲迂耳。後世諸儒。豈乏聰明哉。其所以不能知聖人之道者。皆爲見近耳。

子曰已矣乎吾未見好德如好色者也

古注 無

新 已矣乎歎其終不得而見之也

古義 重出之義見前

徵 已矣乎吾未見好德如好色者也。此主人君言之。不爾。豈有已矣乎三字哉。是嘆世無用孔子者

也

子曰：臧文仲其竊位者與？知柳下惠之賢而不與立也。

【古】孔安國曰：柳下惠，展禽也。知賢而不舉，爲竊位。

【新】竊位，言不稱其位而有愧於心，如盜得而陰據之也。柳下惠，魯大夫展獲，字禽，食邑柳下，謚曰惠。與立，謂與之竝立於朝。范氏曰：臧文仲爲政於魯，若不知賢，是不明也；知而不舉，是蔽賢也。不明之罪小，蔽賢之罪大，故孔子以爲不仁，又以爲竊位。

【古義】柳下惠，魯大夫展獲，字禽，食邑柳下，謚曰惠。與立，謂與之竝立于朝。薦賢舉能，居位者之任也。若不知其賢而不舉之，則固不稱其職。況知而不舉之，則猶盜竊非其有者而陰自有之，故曰竊位，甚言其罪之大也。後之在位者宜監於此。

孔叔文子可以爲文前篇

樊遲問知顏淵篇

孟子曰離婁篇

【徵】孔子以臧文仲爲竊位者。其識之者至矣。是乃孔叔文子可以爲文。意皐陶之謨以安民知人。盡乎萬古治天下之道。而安民非知人則不可得矣。樊遲問知。孔子以知人答之。唯知人可以盡知之道焉。故蔽賢者。聖人所惡也。孟子曰。不祥之實。蔽賢者當之。是亦孔門傳授之説。可以見已。

子曰躬自厚而薄責於人則遠怨矣

【古】孔安國曰責己厚責人薄所以遠怨咎

【新】責己厚故身益脩責人薄故人易從所以人不得而怨之

【古義】自治厚而責人薄者仁者之用心何往而有怨哉小人反此蓋遠怨者德之符多怨者讎之招

故君子謹焉○昔宋呂祖謙性太褊急適讀論語至此大自感悟後來一向寬厚和易也可謂善讀論語者矣

徵躬自厚而薄責於人則遠怨矣孔安國曰責己厚責人薄所以遠怨咎是補一責字亦古來相傳之說也仁齋曰自治厚而責人薄是其意以爲無責字故易以治然亦豈有治哉亦不知古文辭之失已

子曰不曰如之何如之何者吾末如之何也已矣

古孔安國曰不曰如之何者猶言不曰奈是何」孔安國曰如之何者言禍難已成吾亦無如之何

新如之何如之何者熟思而審處之辭也不如是而妄行雖聖人亦無如之何矣

古義 朱氏曰如之何如之何者熟思而審處之詞也不如是而妄行雖聖人亦無如之何矣慮事欲審操心欲危苟不如此則其非妄則必不智也

徵 如之何如之何問辭是孔子之貴問也大氐古書之字無意義如之何如何一也朱子曰熟思而審處之辭豈亦泥之字邪

子曰羣居終日言不及義好行小慧難矣哉

古 鄭玄曰小慧謂小小之才知難矣哉言終無成

新 小慧私智也言不及義則放辟邪侈之心滋好行小慧則行險僥倖之機熟難矣哉者言其無以入德而將有患害也

古義 小慧私智也難矣哉言其難以入德也此言燕朋之害也群居終日則徒曠時日本無肆業之

務言不及義則游談無根好行小慧則機心日熟放辟邪侈無所不至乃衆惡之所由而生可不戒乎

徵方其群居也雖終日言其言不及先王之義觀其行事則好行小慧自以爲此足以收人心是似仁而非仁然亦以此而頗有聞望故自以爲足不復學道故曰難矣哉是必指當時卿大夫言之慧惠音同故誤爾舊註可謂盡小人之情態然是不足言矣聖人豈有是言哉且慧豈可以行言乎桉韓非說林惠子作慧子文選安陸王碑振平慧以字小人又慧露霑吳仁風扇越可以見已

子曰君子義以爲質禮以行之孫以出之信以成之君子哉

古 鄭玄曰義以爲質謂操行孫以出之謂言語

新 義者制事之本故以爲質幹而行之必有節文出之必以退遜成之必在誠實乃君子之道也○程子曰義以爲質如質幹然禮行此孫出此信成此此四句只是一事以義爲本又曰敬以直内則義以方外義以爲質則禮以行之孫以出之信以成之

古 義者制事之本故以爲質幹然發強剛毅之氣多而寬裕温柔之意少故行之必以節文出之必以退遜成之必在誠實而後爲君子也論曰聖門以仁義並稱而仁爲大焉而此曰義以爲質者何也蓋義者聖人之大用萬事之所以得其理而人道之别於禽獸也有時而重於仁故曰義以爲上又曰義之與比若夫佛老之徒所以差道者不知義之至重故也

出辭氣泰伯篇

君子哉稱子賤見公冶長篇蘧伯玉見本篇

徵 君子義以爲質。君子指卿大夫而以朝聘之事言之。蓋朝聘之事。當時卿大夫重務也。仁者君道也。義者臣道也。故語政則言仁。朝聘奉君命以行。臣之事也。故曰義以爲質。質體質也。鄭玄曰。謂操行。失之矣。君子朝聘之事。皆以義爲其體質。而朝聘有禮。故禮以行之。言辭不可以不遜順。故孫以出之。鄭玄曰。孫以出之。謂言語。得之矣。如出辭氣凡曰出。皆言語也。朝聘之事貴信。故信以成之。能行此四者。雖無君子之德。亦可以爲君子。故曰君子哉。此與稱子賤。蘧伯玉。語勢自殊。行之出之成之三之字明有所指而後儒以爲行義出義成義可謂不識文辭已朱子又以孫爲退孫信爲誠實皆非矣仁齋曰聖門以仁義並稱而仁爲大焉而此曰義以爲質者何也蓋義者聖人之大用萬事之所以得其理而人道之别於禽獸也有時而重於仁故曰義以爲上又曰義之與比殊不知仁義並稱昉自孟子而孔門至子思禮義並稱矣夫禮義皆先王之道也後儒不知義爲先王之古義自取諸其臆爲義謬矣哉且所謂義爲聖人之大用者果何所本自

子曰君子病無能焉不病人之不己知也

古 包氏曰君子之人但病無聖人之道不病人之不知己

新註無

古義 此聖門之家法學者之所當務也

徵 君子病無能焉能謂才能也包咸曰君子之人但病無聖人之道是嫌才能之爲小故爲是解後儒多以爲鮮能之能亦皆有是意殊不知賜之達由之果求之藝皆能也大禹謨曰天下莫與汝爭能豈小哉周官曰推賢讓能又曰舉能其官是官人以能古之道也學以成德各有其能所以仕而

賜之達云云雍也篇

荀子曰勸學篇

行其義也。道學先生之徒。其意多貴德而賤能。欲人人爲聖人。豈有是理。其究至於以有體無用見誚者。宜哉。夫人各有其性。故雖以一技一藝聞於世。亦孔子之所取也。

子曰君子疾没世而名不稱焉

古 疾猶病也。

新 范氏曰。君子學以爲己。不求人知。然没世而名不稱焉。則無爲善之實可知矣。

古義 張氏栻曰。此勉人及時進脩也。有是實則有是名。名者所以命其實也。終其身而無實之可名。君子疾之。非疾其無名也。疾其無實也。

徵 疾没世而名不稱焉。没世。終身也。荀子曰。末世

孔子又曰子罕篇

窮年末世卽没世也孔子又曰四十五十而無聞焉斯亦不足畏也已主後生以言之然大器晚成人之資質亦多品又有少壯放逸至中年悔悟者故孔子亦有此言耳

子曰君子求諸己小人求諸人

【古】君子責己小人責人

【新】謝氏曰君子無不反求諸己小人反是此君子小人所以分也○楊氏曰君子雖不病人之不己知然亦疾没世而名不稱也雖疾没世而名不稱然所以求者亦反諸己而已小人求諸人故違道干譽無所不至三者文不相蒙而義實相足亦記言者之意

【古義】此亦孔子之家法中庸云射有似乎君子失諸正鵠反求諸其身孟子曰愛人不親反其仁治

滄浪之歌孟子離婁篇

人不治反其智禮人不答反其敬古之君子其自修如此故德日修而家邦無怨○楊氏曰君子雖不病人之不己知然亦疾沒世而名不稱也雖疾沒世而名不稱然所以求者亦反諸己而已三者文不相蒙而義實相足亦記言者之意

徵 君子求諸己○所以能成其德也○如孔子聞滄浪之歌○則曰自取之也○可以見已○

子曰君子矜而不爭羣而不黨

古 包氏曰矜矜莊也○孔安國曰黨助也君子雖衆不相私助義之與比

新 莊以持己曰矜然無乖戾之心故不爭和以處衆曰羣然無阿比之意故不黨

古義 莊以持己曰矜和以處衆曰群○君子道德自持非立異以爲高故矜而不爭物我一視非苟同以狥俗故群而不黨小人惟知有己而已豈能不爭惟知有勢利而已豈能不黨

徵 矜而不爭群而不黨朱子曰莊以持己曰矜然無乖戾之心故不爭和以處衆曰群然無阿比之意故不黨可謂善解已仁齋乃曰君子道德自持非立異以爲高故矜而不爭物我一視非苟同以徇俗故群而不黨吁道德自持物我一視道學先生哉大氐君子者在上之名士大夫通稱方孔子時豈有是意哉是其欲删朱註別成一家者豈非立異以爲高哉悲哉蓋君子守禮禮貴讓故矜而不爭君子居仁仁者長人之德故群而不黨

子曰君子不以言舉人不以人廢言

有德必有言耻其言共見憲問篇

舜好問中庸

古 包氏曰有言者不必有德故不可以言舉人○王肅曰不可以無德而廢善言

新注無

古義 以言舉人則恐得小人以人廢言則恐遺善言不以言舉人智也不以人廢言仁也

徵 不以言舉人○不以人廢言○雖有德者必有言○然有言者不必有德也○君子之恥其言而過其行○亦以此○舜之好問而好察邇言○亦以此○聖人之言○何其如合符契也○

子貢問曰有一言而可以終身行之者乎子曰其恕乎己所不欲勿施於人

古 言己之所惡勿加施於人

告子貢雍也篇

新 推己及物其施不窮故可以終身行之○尹氏曰學貴於知要子貢之問可謂知要矣孔子告以求仁之方也推而極之雖聖人之無我不出乎此終身行之不亦宜乎

古義 夫子既以恕答子貢而又以行恕之要告之夫人之惡易見而人之憂難察處己則寬而待人必刻此人之通患也故以恕爲心則不深咎人而能宥過救難其效有不可勝言者矣故曰可以終身行之子貢嘗聞一貫之旨而未知其方故問有一言而可以終身行之者乎而夫子答之曰其恕乎猶曾子答門人曰夫子之道忠恕而已矣之意

徵 己所不欲○勿施於人○此解入正文也○何則○孔子何必解恕字乎○恕在孔子時○豈待解乎○仁齋乃曰○夫子既以恕答子貢○而又以行恕之要○告之○豈有是哉○孔子告子貢曰○能近取譬○可謂仁之方也已○

告仲弓顏淵篇

又告仲弓曰。己所不欲。勿施於人。與此正同。皆恕也。孔子或以彼。或以此。豈拘哉。仁齋之意以後二句未盡恕之義。故以爲行恕之要。豈非泥乎。

子曰吾之於人也誰毀誰譽如有所譽者其有所試矣斯民也三代之所以直道而行也

古 包氏曰所譽輒試以事不空譽而已」馬融曰三代夏殷周用民如此無所阿私所以云直道而行

新 毀者稱人之惡而損其眞譽者揚人之善而過其實夫子無是也然或有所譽者則必嘗有以試之而知其將然矣聖人善善之速而無所苟如此若其惡惡則已緩矣是以雖有以前知其惡而終無所毀也」斯民者今此之人也三代夏商周也直道無所私曲也言吾之所以無所毀譽者蓋以此民即三代之時所以善其善惡其惡而無所私曲之民故我今亦不得而枉其是非之實也○尹氏曰

孔子之於人也豈有意於毀譽之哉其所以譽之者蓋試而知其美故也斯民也三代所以直道而行豈得容私於其間哉

古義 言吾之於人初無愛憎何所毀譽但所稱譽者乃有所試而然不虛譽而已斯民者今此之人也言三代之盛直道行于天下而美刺褒貶無所諱避者亦斯民而已是吾之所以於當世之人不輕絕之也此言古今之人不甚相遠也蓋道無古今之異故人亦無古今之別今斯民即三代之時所以直道而行之民其性初無以異也而不識道者必以不善視當世之人其至於經天下則必欲盡變一世之人而徑爲三代之士豈有斯理乎哉堯舜帥天下以仁而民從之桀紂帥天下以暴而民從之湯武不易其民而天下自治亦何深嫉之故曰天下有道丘不與易也

徵 吾之於人也誰毀誰譽人謂鄉人故下曰斯民也言鄉黨之間孔子無所毀譽待民之道爲爾如

吾不試子罕篇

有所譽者其有所試矣試用也如吾不試試而爲士之試言至於豪傑之士終當舉用者則孔子廼有所譽所以鼓舞人才而奬成之也教之道也凡教人之道在奬借其善使其驩忻踴躍奮進弗已後儒不知之以訶責爲尚謬矣

君子之德風顏淵篇

斯民也三代之所以直道而行也釋誰毁誰譽意道謂禮樂也蓋三代之於民直其道而行禮樂莫所低昂君子之德風豈假毁譽也夫化民之道在習以成俗而欲以區區毁譽維持之難矣乎此孔子之於鄉人所以無所毁譽也後世君子不識此義喜以清議扇動

柳下惠直道微子篇

民俗如後漢黨錮諸賢。其弊有不可勝道者矣。朱子曰。毀者稱人之惡而損其眞。譽者揚人之善而過其實。夫子無是也。是其意以謂道者當然之理。直其道而行。故是非皆當。殊不知毀譽過當人之情也。觀於詩書可見已。且毀譽者所以勸戒也。豈必銖量錙稱以求其當哉。皆不識試字道字民字。可笑之甚。又如柳下惠直道而事人。以臣道言之。故與此章化民之道自殊。仁齋先生以美刺褒貶無所諱避解直道。則與誰毀誰譽相反。皆不知而爲之解者已。

子曰吾猶及史之闕文也有馬者借人乘之今亡矣夫

古 包氏曰古之良史於書字有疑則闕之以待知者也包氏曰有馬不能調良則借人乘習之孔子自謂及見其人如此至今無有矣言此者以俗多穿鑿

新 楊氏曰史闕文馬借人此二事孔子猶及見之今亡矣夫悼時之益偷也愚謂此必有爲而言蓋雖細故而時變之大者可知矣○胡氏曰此章義疑不可强解

古義 楊氏曰史闕文馬借人此二事孔子猶及見之今亡矣夫悼時之益偷也陳氏櫟曰疑以傳疑物與人共皆人心近古處二事雖小而人心之不古亦可見

徵 吾猶及史之闕文也是之下也上有闕文故註闕文二字遂入正文後人不察爲之解者皆鑿矣

子曰巧言亂德小不忍則亂大謀

古 孔安國曰巧言利口則亂德義小不忍則亂大謀

新 巧言變亂是非聽之使人喪其所守小不忍如婦人之仁匹夫之勇皆是

古義 巧其言者必依附名理假託仁義故其言佀是而實足以亂德也大人量大能忍小事故能成大謀也若於小事不能忍則輕動遽發必亂大謀故君子崇正而醜巧尚成而惡敗亦唯道之所在

徵 巧言亂德亂德言也巧言似德言故曰亂朱註聽之使人喪其所守不識古文辭且德也者不可亂者也喪其所守豈可以爲德哉小不忍則亂大謀聖人之不貴不忍也自孟子爭仁內外而不忍之心爲儒者大訓非孔氏之舊學者察諸

民之所好二句大學文

子曰衆惡之必察焉衆好之必察焉

【古】王肅曰或衆阿黨比周或其人特之不羣故好惡不可不察也

【新】楊氏曰惟仁者能好惡人衆好惡之而不察則或蔽於私矣

【古義】衆之好惡雖公然不能無雷同之說而是非之實非衆人之所能識其事善而或以惡目之其事惡而或以善稱之特行之士衆人必忌鄉原之行流俗所悅故聖人不隨衆而好惡必察其實焉

【徵】民之所好好之民之所惡惡之仁也衆惡之必察焉衆好之必察焉知也聖人之言不執一而廢百。

子曰人能弘道非道弘人

【古】王肅曰才大者道隨大才小者道隨小故不能弘人

新弘廓而大之也人外無道道外無人然人心有覺而道體無爲故人能大其道道不能大其人也○張子曰心能盡性人能弘道也性不知撿其心非道弘人也

古義弘大之也此聖人專責成於人也蓋道雖大而無爲人雖小而有知苟力學修德則各隨其才爲聖爲賢而文章德業足以被覆於天下也蓋有堯舜之聖則有唐虞之盛有湯武之君則有殷周之治上自孔孟下至群賢各從其人而文章德業從而廣狹皆人之所弘而非道之所弘此孔門之所以貴學問也

徵人能弘道。道者先王之道也、道不虛行。必存乎人。孔子所以云爾者。不容徒守道則已、必當盛大之。故曰非道弘人。朱註以道體言。以性言。及人外無道。道外無人。皆混道德一之。非古義矣。王肅曰。

才大者道隨大。才小者道隨小。故不能弘人。可謂善得古意。言所傳者同爲先王之道。而子思不及孔子。孟子不及子思。是道之汙隆。人之所爲也。非傳道者皆能極盛大焉。

子曰過而不改是謂過矣

古注 無

新 過而能改則復於無過唯不改則其過遂成而將不及改矣

古義 一心可以入堯舜之道一心不可以入堯舜之道在能改過與否焉耳夫人不能無過能改爲貴過而不改是謂過焉故聖人之教不貴無過而貴能改焉

徵說 無

子曰吾嘗終日不食終夜不寢以思無益不如學也

古注無

新 此爲思而不學者言之蓋勞心以必求不如遜志而自得也李氏曰夫子非思而不學者特垂語以教人爾

古義 此聖人言學問之益以示人也蓋思而得之不如學而得之之速且安焉凡物必有成法就此損益則其長短高下皆可一舉而定何謂成法聖賢之所行是也若棄成法徒爾思惟則雖殫力焦思勞而無成故曰好知而不好學則其蔽也蕩

徵 吾嘗終日不食終夜不寢以思無益不如學也學學先王之道也先王之道堯舜至文武歷數千載衆聖所積知巧爲之孔子雖聖以一人之知一

日之力而豈能得之哉故孔子云爾。後儒不知之。謂特垂語以教人爾。非也。

子曰君子謀道不謀食耕也餒在其中矣學也祿在其中矣君子憂道不憂貧

古 鄭玄曰餒餓也言人雖念耕而不學故飢餓學則得祿雖不耕而不餒此勸人學

新 耕所以謀食而未必得食學所以謀道而祿在其中然其學也憂不得乎道而已非爲憂貧之故而欲爲是以得祿也。尹氏曰君子治其本而不䘏其末豈以自外至者爲憂樂哉

古義 謀道不謀食君子之所務如此憂道不憂貧君子之本心亦如此蓋雖君子無食則不生貧則不立然而其所以不謀不憂而自立於世者以德不孤必有隣故也故曰祿在其中矣然則何謀之有亦何憂之有

【徵】謀道不謀食○謀者謂營求之也人多不知謀字○故詳之爾○

子曰知及之仁不能守之雖得之必失之知及之仁能守之不莊以涖之則民不敬知及之仁能守之莊以涖之動之不以禮未善也

【古】包氏曰知能及治其官而仁不能守雖得之必失之包氏曰不嚴以臨之則民不敬從其上王肅曰動必以禮然後善

【新】知足以知此理而私欲間之則無以有之於身矣涖臨也謂臨民也知此理而無私欲以間之則所知者在我而不失矣然猶有不莊者蓋氣習之偏或有厚於內而不嚴於外者是以民不見其可畏而慢易之下句放此動之動民也猶曰鼓舞而作興之云爾禮謂義理之節文○愚謂學至於仁

大寶曰位易繫辭

則善有諸己而大本立矣治之不莊動之不以禮乃其氣稟學問之小疵然亦非盡善之道也故夫子歷言之使知德愈全則責愈備不可以爲小節而忽之也

【古義】言雖知爲君之難而非德以守之則必失其位唐孔氏曰得位由知守位在仁莊嚴也涖臨也包氏曰不嚴以臨之則民不敬從其上動之動民也此專言爲君之道責成於上也知爲君之難也不幾乎一言而興邦乎所謂知及之也聖人之大寶曰位何以守之曰仁所謂仁守之也能盡此二者則爲君之道得焉然守身無度則民慢而令不行故不莊以涖之民不敬也禮以辨上下定民志故動之不以禮則亦未善也蓋雖知仁莊禮不可廢一然知仁其本也歟

【徵】知及之。仁齋曰。言雖知爲君之難。而非德以守之。則必失其位。仁守之。仁齋引聖人之大寶曰位。何以守之曰仁。勝朱註萬萬。朱子以爲君子自脩之事。則下二節不可得而通矣。但知及之者。謂其知可以爲人上也。及者難辭。凡人之知。有及焉。有不及焉。雖有知慧。所見狹小。不可以爲人上。其知之大。可以爲人上。是謂之知及之。何翅知爲君之難已哉。仁者。仁政也。非仁政不足以守其位。而仁齋以德言之。亦失之。不莊以涖之。則民不敬。包咸曰。不嚴以臨之。則民不敬從其上。盡矣。動之以禮。朱註。動之。動民也。猶曰鼓舞而作興之云爾。得之矣。蓋禮者。先王治天下之道。莫善焉。非此不能化成天下矣。朱子曰。禮謂義理之節文。非矣。仁齋曰。

禮以辨上下定民志亦昧乎動字矣○

子曰君子不可小知而可大受也小人不可大受而可小知也

【古】王肅曰君子之道深遠不可小了知而可大受小人之道淺近可小了知而不可大受也

【新】此言觀人之法知我知之也受彼所受也蓋君子於細事未必可觀而材德足以任重小人雖器量淺狹而未必無一長可取

【古義】朱氏曰知我知之也受彼所受也此言君子之所得與小人不同也君子於小事雖未必見其能然用之於大事則綽綽其有餘裕矣非若小人於小事雖或有可取者然委之以大事則褊淺狹小不能受容也

【徵】朱子曰○知我知之也○受彼所受也○得之凡曰可

君子可逝雍也篇

不可者皆以我言之今知與受對一彼一我似不穩矣然有之曰君子可逝也不可陷也逝彼之逝也陷我陷之也故逝者使逝也大受者使大受也祇訓知爲觀朱子失之故此章非觀人之法矣蓋用人之法也大受者大任之也小知者小用之也君子務大者以成其德其材足以大任而不可小用之小人無大者於内然亦不無小長故其材雖不足大任而可小用之焉我任之而曰受彼之材能受之也故受以彼言之我用彼材而曰知小人之難任也非我知之則不可故知以我言之王肅

以君子之道小人之道解之老氏之遺也。且豈有所謂小人之道哉。

子曰民之於仁也甚於水火水火吾見蹈而死者矣未見蹈仁而死者也

【古】馬融曰水火與仁皆民所仰而生者仁最爲甚馬融曰蹈水火或時殺人蹈仁未嘗殺人

【新】民之於水火所賴以生不可一日無其於仁也亦然但水火外物而仁在己無水火不過害人之身而不仁則失其心是仁有甚於水火而尤不可以一日無者也況水火或有時而殺人仁則未嘗殺人亦何憚而不爲哉李氏曰此夫子勉人爲仁之語下章放此

【古義】蹈踐也蹈水火而死謂赴水火而死家語所謂忠信可以蹈水火魯仲連所謂吾有蹈東海而死是也蹈仁而死所謂守死善道之謂比干及程嬰杵臼之徒可以當之言水火人之所畏者然人

或有蹈而死者矣而至於仁則人之所以爲人之道不可須臾離焉然人畏而莫之敢近亦甚於水火蓋怪而歎之也此聖人怪人常能爲其所難爲者而於仁反畏憚怯縮不敢爲而歎之也蓋一旦感激而殺身者易至於從容自得殺身以成仁則非至誠惻怛發於中心者則不能所以曰未見蹈仁而死者也

徵王弼云。民之遠於仁。甚於水火。見有蹈水火者。未嘗見蹈仁者也。仁齋用之。然詳語意。不若是焉。馬融曰。水火及仁。皆民所仰而生者。仁最爲甚。得之。蓋言民之於仁政也。甚於水火。何故也。水火吾見蹈而死者矣。未見蹈仁而死者也。宜哉。是孔子之意。已仁而曰蹈。由蹈水火而來也。朱子以爲學

殺身成仁本篇

者事非也○豈無殺身而成仁乎○民者對君辭○故仁謂仁政也○

子曰當仁不讓於師

古 孔安國曰當行仁之事不復讓於師言行仁急

新 當仁以仁爲己任也雖師亦無所遜言當勇往而必爲也蓋仁者人所自有而自爲之非有爭也何遜之有○程子曰爲仁在己無所與遜若善名在外則不可不遜

古義 此言仁之不可不力行也師者道之所在固每事不可不讓焉然於仁則不然者蓋仁人道之本而師者所受命也苟如此則盡人道之本而能受其命者也其不讓之者適所以深讓之也

徵 當仁不讓於師○朱註引仁以爲己任得之矣○仁道廣大宜若可讓然○故曰不讓於師○而其所以不

讓之故者。孔安國得之。曰行仁急。程子曰爲仁在己。無所與遜。非矣。果爾何唯於仁乎。救民安民之事。不可得而緩之也。

子曰君子貞而不諒

古 孔安國曰貞正諒信也君子之人正其道耳言不必小信

新 貞正而固也諒則不擇是非而必於信

古義 孔氏曰貞正諒信也」馮氏椅曰歷萬變而不失其正者貞也諒則固守而不知變者也故曰貞者事之幹也豈若匹夫匹婦之爲諒也哉

徵 貞而不諒。孔安國曰。貞正。諒信也。朱註。貞正而固也。皆非矣。蓋貞者。謂存於內者之不變也。如貞

易文言

彖傳曰師衆也貞正也能以衆正可以王矣

女之貞可以見己諒者謂求信於人也如亮察亮鑒皆求信意夫君子之爲信也存於内者不變也非求見信於人而爲之故曰貞而不諒如易貞者事之幹貞固幹事利貞者性情及貞悔皆謂不變也唯彖傳以正解貞音近故也其所謂正者非它書正字之義後儒以正解貞不知易者已

子曰事君敬其事而後其食

古 孔安國曰先盡力然後食祿

新 後與後獲之後同食祿也君子之仕也有官守者修其職有言責者盡其忠皆以敬吾之事而已不可先有求祿之心也

古義 朱氏曰。後與後獲之後同。食祿也。張氏栻曰。事君者主於敬其事而已。官有尊卑。位有輕重。而敬其事之心則一也。劉氏摯曰。君子小人之分。在義利而已。小人才非不足用。特心之所向不在乎義。希賞之志每在事先。

奉事之心每在賞後。

徵 事君。敬其事而後其食。王制曰。論定然後官之。任官然後爵之。位定然後祿之。是後其食者。古之禮也。焦氏筆乘載蜀石經。後其食。作後食其祿。

子曰。有教無類。

古 馬融曰。言人所在見教。無有種類。

新 人性皆善。而其類有善惡之殊者。氣習之染也。故君子有教。則人皆可以復於善。而不當復論其類之惡矣。

古義 類者謂世類之美惡若春秋傳所謂世濟其美世濟其惡是也此言天下唯有教之可貴而無類之可言教法之功甚大而世類之美惡在所不論蓋人性本善雖其類之不美者然有學以充焉則皆可以化而入于善矣此孔子之所以爲萬世開學問也至矣大哉

徵 有教無類古者不世官刑人不孥。爲是。故類、焉融解以種類得之。

子曰道不同不相爲謀

古注無

新 不同如善惡邪正之類

古義 道猶言術業人各有術業苟非己道而相爲謀焉則非惟犯人之職必敗其事故聖人戒之

徵 道不同不相爲謀道謂道術也道不同者如射

與御及笙笛與琴瑟是也非吾所素習則不精其事故不相爲謀恐壞其事也朱註如善惡邪正之類是不必然

子曰辭達而已矣

古 孔安國曰凡事莫過於實辭達則足矣不煩文艷之辭

新 詞取達意而止不以富麗爲工

古義 辭以意明理盡爲本所謂達也若專用工於言詞之間則意理皆病何用辭爲○陳氏曰達之一字修辭之法也蘇軾與人論文每以夫子此言爲主

徵 辭達而已矣聘禮記曰辭無常孫而説辭多則史少則不達辭苟足以達義之至也按凡言之成

文謂之辭而此謂辭命也春秋時爲辭命者率虛誇成俗競以文飾相高兩國之情因以不達故孔子云爾後世不審字義誤以爲言語之道皆然以達爲達意非也夫言語之道不一或簡或繁或婉或直何必取通快明暢爲善哉故左傳載孔子曰（左傳襄公二十五年）志有之言以足志文以足言不言誰知其志言之無文行而不遠夫聖人之道曰文文者物相雜之名豈言語之所能盡哉故古之能言者文之以其象於道也以其所包者廣也君子何用明暢備悉爲也故孔子嘗曰默而識之爲道之不可以言語

解故也。孟子而下，此道泯焉，務欲以言語盡乎道也，以聒爭於不知者之前焉。夫人不可以言喻也，況可以言服其心乎？故其言之明暢備悉，適足以爲一偏之說耳。故性善、性惡，聚訟萬古；程朱性理，不過爲堅白之辨。悲哉！此未必不因誤解此章也。學者察諸。

師冕見，及階，子曰：「階也。」及席，子曰：「席也。」皆坐，子告之曰：「某在斯，某在斯。」師冕出，子張問曰：「與師言之道與？」子曰：「然，固相師之道也。」

古 孔安國曰：師，樂人，盲者，名冕。孔安國曰：歷告以坐中人姓字所在處。馬融曰：相，導也。

新 師樂師瞽者冕名再言某在斯歷舉在坐之人以詔之」聖門學者於夫子之一言一動無不存心省察如此」相助也古者瞽必有相其道如此蓋聖人於此非作意而爲之但盡其道而已()尹氏曰聖人處己爲人其心一致無不盡其誠故也有志於學者求聖人之心於斯亦可見矣范氏曰聖人不侮鰥寡不虐無告可見於此推之天下無一物不得其所矣

古義 師樂師瞽者冕名」歷舉在坐之人以詔之」朱氏曰聖門學者於聖人之一言一動無不存心省察如此愚謂學者之於言動又要如此否則非學也」相導也古者瞽必有相凡於瞽者皆不可不導焉」聖人之心即天地之心至誠無妄無往而非仁前再記夫子待瞽者之禮皆出於至誠懇惻之意而非勉强而然蓋瞽者人之所易欺於是盡其誠則無往而非誠也於乎聖人之心于今猶見也大矣哉

徵 相師之道也。馬融曰。相。導也。此字詁耳。其實師

之有相亦如會同之有相也相師之道者禮爲爾

論語徵集覽卷之十五終

論語徵集覽卷之十六

魏　何晏　集解

宋　朱熹　集註

大日本　藤維楨　古義

物茂卿　徵

從四位侍從源賴寬　輯

季氏第十六

【新】洪氏曰此篇或以爲齊論

季氏將伐顓臾冉有季路見於孔子曰季氏將有事於顓臾孔子曰求無乃爾是過與夫顓臾昔者先王

以爲東蒙主且在邦域之中矣是社稷之臣也何以伐爲冉有曰夫子欲之吾二臣者皆不欲也孔子曰求周任有言曰陳力就列不能者止危而不持顛而不扶則將焉用彼相矣且爾言過矣虎兕出於柙龜玉毀於櫝中是誰之過與冉有曰今夫顓臾固而近於費今不取後世必爲子孫憂孔子曰求君子疾夫舍曰欲之而必爲之辭丘也聞有國有家者不患寡而患不均不患貧而患不安蓋均無貧和無寡安無傾夫如是故遠人不服則修文德以來之既來之則安之今由與求也相夫子遠人不服而不能來也邦

分崩離析而不能守也而謀動干戈於邦內吾恐季孫之憂不在顓臾而在蕭牆之內也

古 孔安國曰顓臾伏羲之後風姓之國本魯之附庸當時臣屬魯季氏貪其土地欲滅而取之冉有與季路爲季氏臣來告孔子」孔安國曰冉求爲季氏宰相其室爲之聚斂故孔子獨疑求教之」孔安國曰使主祭蒙山」孔安國曰魯七百里之封顓臾爲附庸在其域中」孔安國曰已屬魯爲社稷之臣何用滅之爲」孔安國曰歸咎於季氏」馬融曰周任古之良史言當陳其才力度己所任以就其位不能則當止」包氏曰言輔相人者當能持危扶顛若不能何用相爲」馬融曰柙檻也櫝櫃也失虎毀玉豈非典守之過邪」馬融曰固謂城郭完堅兵甲利也費季氏邑」孔安國曰疾如汝之言」孔安國曰舍其貪利之說而更作他辭是所疾也」孔安國曰國諸侯家卿大夫不患土地人民之寡少患政治之不均平」孔安國曰憂不能安民耳民安則國富」包氏曰政教均平則不貧矣上下和同不患寡矣小

大安寧不傾危矣」孔安國曰民有異心曰分欲去曰崩不可會聚曰離析」孔安國曰干楯也戈戟也

鄭玄曰蕭之言肅也牆謂屏也君臣相見之禮至屏而加肅敬焉是以謂之蕭牆後季氏家臣陽虎果囚季桓子

【新】顓臾國名魯附庸也」按左傳史記二子仕季氏不同時此云爾者疑子路嘗從孔子自衛反魯再仕季氏不久而復之衛也」冉求爲季氏聚斂尤用事故夫子獨責之」東蒙山名先王封顓臾於此山之下使主其祭在魯地七百里之中社稷猶云公家是時四分魯國季氏取其二孟孫叔孫各有其一獨附庸之國尚爲公臣季氏又欲取以自益故孔子言顓臾乃先王封國則不可伐在邦域之中則不必伐是社稷之臣則非季氏所當伐也此事理之至當不易之定體而一言盡其曲折如此非聖人不能也」夫子指季孫冉有實與謀以夫子非之故歸咎於季氏」周任古之良史陳布也列位也相瞽者之相也言二子不欲則當諫諫而不聽則當去也」兕野牛也柙檻也櫝匱也言在柙而逸在

櫝而毀典守者不得辭其過明二子居其位而不去則李氏之惡已不得不任其責也」固謂城郭完固費季氏之私邑此則冉求之飾辭然亦可見其實與季氏之謀矣」欲之謂貪其利」寡謂民少貧謂財乏均謂各得其分安謂上下相安季氏之欲取顓臾患寡與貧爾然是時季氏據國而魯君無民則不均矣君弱臣強互生嫌隙則不安矣均則不患於貧而和和則不患於寡而安安則不相疑忌而無傾覆之患」內治脩然後遠人服有不服則脩德以來之亦不當勤兵於遠」子路雖不與謀而素不能輔之以義亦不得為無罪故并責之遠人謂顓臾分崩離析謂四分公室家臣屢叛」干楯也戈戟也蕭牆屏也言不均不和內變將作其後哀公果欲以越伐魯而去季氏○謝氏曰當是時三家強公室弱冉求又欲伐顓臾以附益之夫子所以深罪之為其瘠魯以肥三家也洪氏曰二子仕於季氏凡季氏所欲為必以告於夫子則因夫子之言而救止者宜亦多矣伐顓臾之事不見於經傳其以夫子之言而止也與

【古義】顓史伏羲之後風姓之國本魯之附庸季氏欲伐而取之時冉有季路爲季氏臣盖二子心有不安者故特來報夫子也冉求爲李氏聚歛尤用事故夫子獨責之東蒙山名先王封顓史于此山之下使主其祭已屬魯在其域中則爲社稷之臣何以伐之夫子指季孫周任古之良史陳布也列位也相瞽者之相也言二子不欲則當諫諫而不聽則當去兕野牛也柙檻也櫝匱也言在柙而逸在櫝而毀典守者不得辭其過明二子又不得不任其責也固謂城郭完固費季氏邑冉有旣言吾二臣者皆不欲而又言其有可伐之狀益見義不精故疑信相半耳言君子好直故疾夫舍其所貪欲而託善作他辭此二句據下文當作不患貧而患不均不患寡而患不和不患傾而患不安貧謂財乏均謂各得其分寡謂民少和謂上下和睦安謂堅固不危季氏所患者在於貧與寡與傾殊不知各得其分則無財乏之患上下和睦則無民少之患堅固不危則無傾覆之患然是時遠人不服邦分崩離析則三患自至何暇以伐顓史爲弗思爲耳文德如禮樂法度之類言內治修然後遠人

服若不服則當修文德以來之不可即稱兵也已來之則安之不復貪其土地人民也」遠人謂顓臾分崩離析謂國勢分裂民心乖離也」干楯也戈戟也蕭牆屏也言不均不和不安則內變將作人皆視目前之小利而不知後來之大害天下之通患也後世講武者豈不曰如是而能享其利乎殊不知苟其矜不均不安不和則敵未衂及而變生肘腋不可復救焉○洪氏慶善曰二子仕於季氏凡季氏所欲爲必以告於夫子則因夫子之言而救止者宜亦多矣伐顓臾之事不見於經傳其以夫子之言而止也與

徵 有國有家者。不患寡而患不均。不患貧而患不安。蓋均無貧。和無寡。安無傾。寡謂民少。不患寡而患不均者。不均則下怨。怨則雖衆不如寡也。不患貧而患不安者。不安則雖富必傾也。均無貧者。均

百姓足顏淵篇

書大禹謨

則財雖不在我而在彼。合彼我則何貧之有。即有若百姓足君孰與不足。意和無寡者。上下和而力專。何寡之有。主意在均字。均則和而安。寡與貧亦相因。而患地狹民寡者爲本。聖人之論治亂安危之故。可謂如環無端已。仁齋乃曰。據下文當作不患貧而患不均。不患寡而患不和。不患傾而患不安。不識古文辭而輒欲改論語。眞妄人哉。脩文德出書。曰帝乃誕敷文德。舞干羽于兩階。七旬有苗格。謂禮樂也。仁齋曰。如禮樂法度之類。法度豈容謂之德乎。

孔子曰天下有道則禮樂征伐自天子出天下無道則禮樂征伐自諸侯出自諸侯出蓋十世希不失矣自大夫出五世希不失矣陪臣執國命三世希不失矣天下有道則政不在大夫天下有道則庶人不議

【古】孔安國曰希少也周幽王爲犬戎所殺平王東遷周始微弱諸侯自作禮樂專行征伐始於隱公至昭公十世失政死於乾侯」孔安國曰季文子初得政至桓子五世爲家臣陽虎所囚」馬融曰陪重也謂家臣陽虎爲季氏家臣至虎三世而出奔齊」孔安國曰制之由君」孔安國曰無所非議【新】先王之制諸侯不得變禮樂專征伐陪臣家臣也逆理愈甚則其失之愈速大約世數不過如此」言不得專政」上無失政則下無私議非箝其口使不敢言也○此章通論天下之勢

【古義】齊桓公晉文公皆爲諸侯之盟主然齊至悼公晉至惠公皆十世國已微弱政在大夫」陪臣家

臣也五世三世言其世數大約不過如此」君不失權則大夫不得自專」政當人心則下無竊議」此章蓋記夫子所以作春秋之由也禮樂征伐自諸侯出世道之初變也自大夫出世道之再變也陪臣執國命變之極也諸侯以爲可以此而制天下大夫以爲可以此而專國政陪臣以爲可以此而永執國命殊不知上以惠下下以奉上而後上下叙而國安若夫逆理愈甚則其失之也愈益速也春秋之作欲遏亂臣賊子之欲而挽之於治古之隆故明其跡以詔諸後世其慮之也至深切也人君至於庶人不可不監焉」論曰或曰自古諸子著書立言論治天下之道是以庶人議之也彼皆非乎答曰非也雖有其德苟無其位不敢作禮樂天下之事豈庶人之所可議乎然天下有道則學在上天下無道則學在下學在上故庶人不敢議焉非抑而不議之也學在下故雖以庶人議天下之事而不爲僭其恐道之絶于天下也故孔子曰知我者其惟春秋乎罪我者其惟春秋乎蓋不得已也

徵 十世五世三世。孔子豈睹已往之迹而言之乎

師曠曰左傳襄公十四年

蓋王者之澤。五百年而斬。霸則雖善不過二三百。年。大夫則不過百年。陪臣擅諸侯之邦者。不及百年而亡。皆自然之數也。陪臣云者。以諸侯言之。故曰執國命。仁齋曰。雖有其德。苟無其位。不敢作禮樂。天下之事。豈庶人之所可議乎。是其意謂庶人議政爲有罪矣。乃周厲秦始之法也。師曠曰。大夫規誨。士傳言。庶人謗。是古之道也。所以不議者。特以其無可議也。且曰不敢作禮樂而已矣。豈曰不議政乎。且所謂庶人者。謂民也。非謂君子也。君子不非其大夫。則不議政可知已。然是禮也。非法也。

禮者君子所守也。法者上之所立也。犯法者有罪矣。不知禮者豈有罪乎。仁齋蓋不知禮法之分焉。

孔子曰祿之去公室五世矣政逮於大夫四世矣故夫三桓之子孫微矣

古 鄭玄曰言此之時魯定公之初魯自東門襄仲殺文公之子赤而立宣公於是政在大夫爵祿不從君出至定公爲五世矣。孔安國曰文子武子悼子平子。孔安國曰三桓謂仲孫叔孫季孫三卿皆出桓公故曰三桓也仲孫氏改其氏稱孟氏至哀公皆衰

新 魯自文公薨公子遂殺子赤立宣公而君失其政歷成襄昭定凡五公逮及也自季武子始專國政歷悼平桓子凡四世而爲家臣陽虎所執三桓三家皆桓公之後此以前章之説推之而知其當然也〇此章專論魯事疑與前章皆定公時語蘇氏曰禮樂征伐自諸侯出宜諸侯之強也而魯以

失政政逮於大夫宜大夫之強也而三桓以微何也強生於安安生於上下之分定今諸侯大夫皆陵其上則無以令其下矣故皆不久而失之也

古義 魯自文公薨公子遂殺子赤立宣公而君失其政歷成襄昭定凡五世」逮及也自季武子始專國政歷悼平桓子凡四世」孔氏曰三桓謂仲孫叔孫季孫三卿皆出桓公故曰三桓也仲孫氏改其氏稱孟氏至哀公皆衰」此與上章皆門人錄之以見夫子所以作春秋之由非徒記當時之事而已

言非其有而有者必失不宜大而大者必微必然之理也

徵 祿之去公室○鄭玄曰○政在大夫○爵祿不從君出○仁齋刪爵祿字○非矣○政逮於大夫○謂大夫相及擅政也○

孔子曰益者三友損者三友友直友諒友多聞益矣

友便辟友善柔友便佞損矣

【古】馬融曰便辟巧避人之所忌以求容媚」馬融曰面柔也」鄭玄曰便辨也謂佞而辨」

【新】友直則聞其過友諒則進於誠友多聞則進於明便習熟也便辟謂習於威儀而不直善柔謂工於媚說而不諒便佞謂習於口語而無聞見之實三者損益正相反也○尹氏曰自天子以至於庶人未有不須友以成者而其損益有如是者可不謹哉

【古義】直者直言無隱諒者堅執不撓多聞者博古通今言友直則得聞其過友諒則己亦堅守友多聞則聞所未聞」馬氏曰便辟巧辟人之所忌以求容媚善柔面柔也鄭氏曰便辨也謂佞而辨也言友便辟則巧詐之心生友善柔則直言不聞友便佞則是非繆亂」人之於朋友所關係甚大矣所益在茲所損亦在茲益友常情之所憚然友之則有益損友常情之所悅然友之必有損可不慎乎

【徵】友諒○諒良同○如子諒之諒○友直則聞其過○友良

則觀其材。友多聞則廣其知。便辟。馬融曰。巧辟人之所忌。以求容媚。善柔。馬融曰。面柔也。便佞。鄭玄曰。便辨也。謂佞而辨也。古文辭必須古註而明矣。

便辟當去聲。便佞。說文引論語作論佞。

孔子曰益者三樂損者三樂樂節禮樂樂道人之善樂多賢友益矣樂驕樂樂佚遊樂宴樂損矣

【古】動得禮樂之節。孔安國曰恃尊貴以自恣。王肅曰佚遊出入不節。孔安國曰宴樂沈荒淫瀆三者自損之道

【新】節謂辨其制度聲容之節驕樂則侈肆而不知節佚遊則惰慢而惡聞善宴樂則淫溺而狎小人三者損益亦相反也〇尹氏曰君子之於好樂可不謹哉

【古義】邢氏曰言人心樂好損益之事各有三種也何氏曰樂節禮樂者凡所動作皆得禮之節也所謂禮樂不可須臾離身是也驕樂以驕爲樂宴樂以宴爲樂也人不能無好樂但樂善則日益樂不善則日損故樂節禮樂則身由規矩而進德之基立矣樂道人之善則守己之心除而尚德之意篤矣樂多賢友則不敢自足而成德之輔衆矣故曰益也樂驕樂則無所恐懼而傲日長矣樂佚遊則無所惕勵而志必荒矣樂宴樂則有所貪戀而志易溺矣故曰損也人不可不愼其所好樂焉大學曰有所好樂則不得其正者非也

【徵】益者三樂。損者三樂。樂皆音洛。陸氏音五教反。非古音。節禮樂。蓋禮樂皆有節。以節我身也。何晏曰。動得禮樂之節。得之矣。驕樂。孔安國曰。恃尊貴以自恣。佚遊。王肅曰。出入不節。宴樂。孔安國曰。沈荒淫瀆朱註。佚遊則惰慢。是失遊字矣。況荒淫瀆。謂湎酒色也。三友三樂。朱子必欲相對。泥矣。

孔子曰侍於君子有三愆言未及之而言謂之躁言及之而不言謂之隱未見顔色而言謂之瞽

古 孔安國曰愆過也」鄭玄曰躁不安靜」孔安國曰隱匿不盡情實」周生烈曰未見君子顔色所趣向而便逆先意語者猶瞽也

新 君子有德位之通稱愆過也瞽無目不能察言觀色○尹氏曰時然後言則無三者之過矣

古義 愆過也」躁不安靜之謂」隱者隱匿情實之謂」未見顔色所向而語者猶若無目人也」此言卑幼侍尊長言語之節也蓋人必有禮得之則爲君子失之則爲野人而其於言語最所當慎況於侍君子之間乎

孔子曰前篇
哀公問禮記
孟子曰盡心篇

徵侍於君子有三愆。弟子之禮也。事師事父兄以此。事君則否。曲禮曰。坐必安。執爾顏。卽未見顏色而言謂之瞽也。又曰。長者不及。毋儳言。卽言未及之而言謂之躁也。又曰。先生與之言則對。不與之言則趍而退。卽言及之而不言謂之隱也。皆以先生長者言之。故知爲弟子之禮也。孔子曰。軍旅之事。未之學也。是言及之而不言也。哀公問有孔子遂謂曰者三。是言未及之而言也。孟子曰。說大人則藐之。勿視其巍巍然。是未必見顏色也。故知非事君之禮也。

孔子曰君子有三戒少之時血氣未定戒之在色及其壯也血氣方剛戒之在鬬及其老也血氣既衰戒之在得

古 孔安國曰得貪得

新 血氣形之所待以生者血陰而氣陽也得貪得也隨時知戒以理勝之則不爲血氣所使也〇范氏曰聖人同於人者血氣也異於人者志氣也血氣有時而衰志氣則無時而衰也少未定壯而剛老而衰者血氣也戒於色戒於鬬戒於得者志氣也君子養其志氣故不爲血氣所動是以年彌高而德彌卲也

古義 得貪得也此三者學者終身之大戒也夫人生血氣不能不從時而變則又當不可不從時而存警戒蓋血氣在身而戒之則在心言其不可自任血氣也

書曰仲虺之誥

徵君子有三戒。雖聖人亦然。聖人非達磨。豈漠然若木石哉。故曰君子有三戒。所以言君子者。通上下也。朱子曰。以理勝之。范氏曰。養其志氣。皆不知先王之道矣。書曰。以禮制心。是先王之教也。

孔子曰。君子有三畏。畏天命。畏大人。畏聖人之言。小人不知天命而不畏也。狎大人。侮聖人之言。

古順吉逆凶天之命也。大人即聖人與天地合其德。深遠不可易知測聖人之言也。恢踈故不知畏。直而不肆故狎之。不可小知故侮之。

新畏者嚴憚之意也。天命者天所賦之正理也。知其可畏則其戒謹恐懼自有不能已者。而付畀之重可以不失矣。大人聖言皆天命所當畏。知畏天命則不得不畏之矣。侮戲玩也。不知天命故不識

尚書大誥天明畏徐邈音威

義理而無所忌憚如此。尹氏曰：三畏者，脩己之誠當然也。小人不務脩身誠己，則何畏之有？

古義 畏，怖也。天命者，天之所命，吉凶禍福是也。大人者，德望隆重，爲一時師表者。聖言，則方策所載典謨訓誥皆是也。侮，戲玩也。小人無知暴慢，故不知三者之可畏也。天有必然之理，人有自取之道，爲善降之百祥，爲不善降之百殃。大人位重德尊，人之所崇敬。聖人之言，猶神明不可欺，皆不可不嚴憚敬畏焉。君子畏之以自愼其身，小人侮之以自敗其身。蓋知天命而後實畏天命，知畏天命而後能保其身也。故曰不知命無以爲君子也。唯絕私智，黜私見，一味忠信，至正至直，然後可以知之。非作聰明任學問者之所能及也。實進德之至，學問之極功也。所以君子三畏首而言之也。

徵 君子有三畏，畏與恐懼不同。恐懼者，恐懼於禍患之來也。畏者，威之轉音。如明威作明畏，可以見已。言在彼者之可畏也。故畏敬二字意相近矣。如

子畏於匡子罕先進兩見

利見大人乾經繼明照于四方離象傳虎變革經

孟子曰盡心篇

左傳襄公三十年

子畏於匡亦可畏者在彼也世人或不知之故詳焉何晏註大人卽聖人按易曰利見大人大人以繼明照于四方大人虎變文言曰夫大人者與天地合其德與日月合其明與四時合其序與鬼神合其吉凶孟子曰有大人者正己而物正者也是皆兼位德以言之而重在德孟子又曰說大人則藐之士相見禮曰凡與大人言始視面中視抱卒視面左傳曰大人之忠儉者從而與之是皆以位言之如此章則重在德觀於小人狎大人則豈專以位乎間或有群小無知狎其君上者是其君上

所使。彼阿其意爲之。故非小人皆然焉。葢大人以當世言。聖人開國之君也。以往世言。故曰聖人之言。如聖人之法乃國家之典也。孰不遵守者。故特曰畏聖人之言耳。大德之人。不必皆聖人他日論定而後識其爲聖人矣。何晏卽之。亦非矣。不啻何晏。後世諸儒皆不知聖人之義矣。古昔王者出征。告諸天。受命于廟。受成于學。還亦獻馘于學。凡大事皆然。是尊天。尊祖宗。尊聖人。先王之道爲爾。此不言父母宗廟者。不可以畏言。且雖非君子。亦知尊祖先也。後儒不知孔子之道。卽先王之道。故其

憲問篇曰知我者其天乎

論君子不知歸諸先王之禮豈孔子之意哉畏天命何晏曰順吉逆凶天之命也可謂盡已仁齋言吉凶禍福而不言順逆故足爲君子之畏乎且天命不啻吉凶禍福天命我爲天子爲諸侯爲大夫爲士故天子諸侯大夫士之所事皆天職也君子畏天命故於其道也莫不盡心竭力已仁齋之所不知也朱子以付畀之重言之然又曰天所賦之正理雖微窺是意然爲理所囿悲哉夫自思孟言知天而後儒欲知天天或曰天理也或曰天無心也豈非不敬之甚邪聖人尊天之至唯曰天知我而

孟子梁惠王篇

未嘗曰知天焉思孟亦言知性之爲天畀而未嘗論天爲何物焉後儒狃見莊列等書乃其心傲然而謂天不足敬矣道之所以不明也殊不知先王之道敬天爲本聖人千言萬語皆莫不本於是者焉詩書禮樂莫非敬天孔子動言天先王之道如是矣君子之道如是矣段如湯武放伐萬世之後不釋然於學者之心者此義不明故也湯武奉天命而行之亦奚疑哉孟子所以謂一夫紂者以明民之所棄卽天之所命也非惡紂之惡也祇好辯之至其言激烈遂致主意不明已故明於敬天之

禘之說八佾篇

義則先王之道如指掌是所謂禘之說也學者其潛心諸小人不知天命而不畏也其所見近小故也天道恢恢不若人事之易見故其意以爲不如盡心人事之爲勝焉大氐後世學者以盡人事與知天命並言皆小人之歸哉何則古之務人事者本於敬天焉故古之人未有天人並言焉者敬天故也自思孟好辨以天人並言而後敬天之義荒矣學者其察諸狎大人亦其所見近小故見崇高而畏之喜才諝而用之所以不知大人而狎之也以聖人之言爲迂亦豈非所見近小之故乎尹氏

曰三畏者脩己之誠當然也亦未知脩己之誠本於敬夫已

孔子曰生而知之者上也學而知之者次也困而學之又其次也困而不學民斯爲下矣

古孔安國曰困謂有所不通

新困謂有所不通言人之氣質不同大約有此四等〇楊氏曰生知學知以至困學雖其質不同然及其知之一也故君子惟學之爲貴困而不學然後爲下

音義困猶困於心衡於慮之困言事勢窮蹙以困於心」此夫子深贊學問之功以勉人也夫道一而已矣生而知之者固不待學焉人之上也學而知之者及其成也則亦與上者同功故次之困於心而後學則固未矣然勉而不已則亦可以進於上故又次之若夫困於心而猶不知學則是無義理

孟子曰盡心篇

孟子告子篇

之心者故爲下矣所謂無羞惡之心者非人也

徵生而知之者上也即孟子曰堯舜性之也上謂上智也學而知之者次也困而學之又其次也孔安國曰困謂有所不通如孟子困於心衡於慮之困仁齋曰事勢窮蹙以困於心不知措辭者也是豈可以事勢言哉以常語困窮相連故作窮蹙解非矣如困倦困頓皆謂力窮也己之智力窮竭而後知不可不學是謂困而學之也困而不學民斯爲下矣下謂下愚也言民之所以爲下也非謂民有四等是爲下也後儒多不知民字古者學爲士

可使由之泰伯篇

進於民焉民之不學其常也故君子不以其不學而棄之矣故曰可使由之不可使知之孔子此言謂除上智與下愚之外皆不可不學也子思中庸三知與此殊義朱子一之非矣蓋人有四等而子思三之故知非此章之意也

孔子曰君子有九思視思明聽思聰色思溫貌思恭言思忠事思敬疑思問忿思難見得思義

古註 無

新註 視無所蔽則明無不見聽無所壅則聰無不聞色見於面者貌舉身而言思問則疑不蓄思難則忿必懲思義則得不苟、程子曰九思各專其一謝氏曰未至於從容中道、無時而不自省察也雖

子曰顏淵篇
易曰懲忿損象傳
易曰理財云云繫辭

有不存焉者寡矣此之謂思誠

古義 明者視無所蔽也聰者聽無所失也溫溫然如玉也恭惰慢之氣不設身體也忠言而無不盡也此五者就身而言。敬奉承不怠也思敬則事無失思問則疑不蓄思難則忿必懲思義則得不苟此四者就事而言。此明君子除九思外無復他思也夫人思則得之不思則不得君子之所以爲君子者以其能思也若夫喪身敗家者皆弗知思故焉耳九思蓋所以狀其善思也。論曰醫之製方必有君臣佐使之差奇偶緩急之殊衆藥相配而後能已疾救人若夫用單方者亦徒備急之用要不足爲法聖人之設教也亦然以仁存心以禮存心衆功兼全而後以成其德如先儒主敬之說亦用單方之類耳又曰事思敬九思之一耳謂九思皆當主乎敬者何哉

徵 忿思難。子曰一朝之忿。忘其身以及其親。易曰。君子以懲忿。是思難也。見得思義。易曰理財正辭

禁民爲非曰義，是也。君子有九思，皆謂思惟之也。視思其所以明，聽思其所以聰，色思其所以溫，貌思其所以恭，思如何言之而後得忠，思如何爲之而後得敬，思如何問之而後得析疑，忿則思其能招難，見得則思其或害義。後人不知思字，多作念頭解，故詳之爾。仁齋以此而譏朱子持敬之非，然朱子亦有窺先王敬天之義，而不知本諸天，是朱子之失也。仁齋謂敬唯在事者，不知先王之道者也。

孔子曰：見善如不及，見不善如探湯。吾見其人矣，吾

聞其語矣隱居以求其志行義以達其道吾聞其語矣未見其人也

【古】孔安國曰探湯喻去惡疾

【新】眞知善惡而誠好惡之顏曾閔冉之徒蓋能之矣語蓋古語也求其志守其所達之道也達其道行其所求之志也蓋惟伊尹大公之流可以當之當時若顏子亦庶乎此然隱而未見又不幸而蚤死故夫子云然

【古義】言好善惡惡出於其誠者世固有其人矣語古語隱居求志如伊尹耕于有莘之野而樂堯舜之道是也義卽君臣之義也行義達道者如幡然而起應湯之聘幣也孔門若顏曾閔冉之徒可以當之而夫子曰未見其人者蓋夫子從論當世人材而至於其門人則每不論及之也蓋善惡惡出於其性者人之上也何故不及求志達道之人邪曰聖人之學以經世爲本而不以獨善其身爲極

故曰吾非斯人之徒與而誰與蓋善善惡惡出于至誠雖行之至者然不若求志達道者之不唯成己亦能成物之爲大此其所以優劣之也以此教人猶有以自潔爲高者豈非不知其輕重者乎」論曰舊註見善如不及見不善如探湯顔曾閔冉之徒蓋能之隱居以求其志行義以達其道惟伊尹大公望可以當之顔子亦幾乎此非也孟子明言禹稷顔回同道又曰易地則皆然今言亦幾乎此則是右伊呂而左顔子也孔子之聖賢於堯舜遠矣而顔子亞之則其德業豈有媿於伊呂乎哉若伊呂之儔得君行道功業大被于天下焉則人固識其爲賢聖也若數子者不幸而厄於時不能有爲於天下故人皆不致疑於伊呂而每疑於顔曾不亦左乎曾西畏子路而管仲則其所不爲而先儒以管仲之事業爲子路之所不逮亦此類也

又曰見里仁篇

徵見善如不及見不善如探湯又曰我未見好仁者惡不仁者此言見其人矣仁與善或有間也然

有時乎或曰見之有時乎或曰未見皆教之術也萬世之下未知孔子誰爲言之則不必深泥可也且孔子門人蓋有之矣然孔子之道先王之道也其於門人皆以先王之道期之故曰見其人矣者不難之辭也隱居以求其志志謂古志記也求云者謂求先王之道於其書孟子所謂處畎畝之中由是以樂堯舜之道是也舊註以爲心志之志殊爲不通行義者謂仕也子路曰君子之仕行其義也達其道者達其道於天下也吾聞其語矣未見其人也者難之辭皆勸門人從事仁也孔子嘗曰

孟子萬章篇

子路曰微子篇

用舍述而篇

用之則行舍之則藏則顏子蓋其人也而此言未見其人者勉它人辭已後儒不知聖人之善誘徒謂孔子眞未見焉亦詩學不傳人不知言語之道故也且後世儒者專尚知見以論優劣分錙銖爲務遂以此視孔子豈不悲哉如仁齋先生以此章爲夫子泛論當世人材而不及其門人者是也夫七十子之徒與聞此言者皆以孔子後言爲志者也使其見用於當世亦當世之伊呂也如其德之優劣千載之下孰能知之區區求諸殘編而或曰唯顏子當之或曰遺曾冉閔者過也可謂無益之

論已。

齊景公有馬千駟死之日民無德而稱焉伯夷叔齊餓于首陽之下民到于今稱之其斯之謂與

【古】孔安國曰千駟四千匹。馬融曰首陽山在河東蒲坂縣華山之北河曲之中。王肅曰此所謂以德爲稱

【新】駟四馬也首陽山名。胡氏曰程子以爲第十二篇錯簡誠不以富亦祇以異當在此章之首今詳文勢似當在此句之上言人之所稱不在於富而在於異也愚謂此說近是而章首當有孔子曰字蓋闕文耳大抵此書後十篇多闕誤

【古義】駟四馬也首陽山名。程子胡氏以爲第十二篇錯簡誠不以富亦祇以異當在此句之上言人之所稱不在於富而在於異也朱氏曰章首當有孔子曰字蓋闕文耳大抵此書後十篇多闕誤也此

景公感慨詳于左傳及晏子

言雖萬乘之君然無德之可稱則曾匹夫之不若齊景公大國之君也然死之日泯然澌盡與草木同腐伯夷叔齊首陽之餓夫也然萬世之下猶與日月同光其榮辱隆汙固不可同日而語也嗚呼以人君之尊而不得下比匹夫豈不可閔哉

徵 死之日民無德而稱焉德卽得字以音誤焦氏筆乘曰夷齊可以有國而辭之者也崔子弒景公之兄莊公而景得立崔子猶爲政而景公莫之問也觀其一再爲晏子感慨悲傷欲不死以長有齊而其死也泯然無復聞焉孔子有感而嘆之以爲彼棄國如齊夷者獨何人哉彼其所以千古不朽者非以富貴也得之

陳亢問於伯魚曰子亦有異聞乎對曰未也嘗獨立鯉趨而過庭曰學詩乎對曰未也不學詩無以言鯉退而學詩他日又獨立鯉趨而過庭曰學禮乎對曰未也不學禮無以立鯉退而學禮聞斯二者陳亢退而喜曰問一得三聞詩聞禮又聞君子之遠其子也

古 馬融曰以爲伯魚孔子之子所聞當有異」孔安國曰獨立謂孔子

新 亢以私意窺聖人疑必陰厚其子」事理通達而心氣和平故能言」品節詳明而德性堅定故能立」當獨立之時所聞不過如此其無異聞可知」尹氏曰孔子之教其子無異於門人故陳亢以爲遠其子

古義 亢以爲伯魚平日在夫子之膝下必有聞人之所不及聞者」詩之爲教天道備矣人事洽矣而

著善惡得失之迹故學之則能言禮者人之隄防萬事之儀則故學之則得以立言聞斯二者明别無異聞也遠者謂不狎近也父子之間不責善故古者易子而教又言遠之也孔門之教無先於詩禮而其所言皆在庸言庸行之謹而無甚異於人以爲教者蓋人情以詩而知人道以禮而立皆言萬世通行之道是故聖人之道爲萬世通行之道詩禮之經爲萬世通行之典若夫遠人以爲教者豈聖人之道乎哉

父子不責善孟子離婁篇

徵 子亦有異聞乎當時學者之汲汲於道也對曰未也未也者謙辭對長者之禮也非謂實無之也又聞君子之遠其子也仁齋先生曰父子之間不責善故古者易子而教得之蓋孔子不知其既未學詩禮則其不躬教可以見已朱子以爲無異聞

孔子嘗曰先進篇

孟子盡心篇

尹氏以爲無異於門人。皆非也。孔子嘗曰。予不得視猶子也。是孔子之於門人。視猶子也。父子之親。天性也。孔子之愛子。誠當深矣。門人如顏子。乃比諸子。是亦親親之推己。至於教之道。則有至焉。有不至焉。故有其子不與聞。而門人聞之者。然門人亦有親疎久近之分。則豈一槩而施之乎。是孟子私淑艾。後儒所以失其解也。詩書者義之府。而詩又悉人情。凡言語之道。詩盡之矣。故學詩則可以言也。禮樂者德之則。而禮又事事而立之防。凡先王之道。禮盡之矣。不知禮則無以立於君子之間。三

庸言之謹易文
言

代之世爲爾故學禮則可以立也朱註事理通達
而心氣和平品節詳明而德性堅定喜作儷辭欲
以明其義言有所局而義不得鬯是果何意哉仁
齋曰孔門之教無先於詩禮而其所言皆在庸言
庸行之謹所謂庸言之謹者於詩何之有

邦君之妻君稱之曰夫人夫人自稱曰小童邦人稱之曰君夫人稱諸異邦曰寡小君異邦人稱之亦曰君夫人

古 孔安國曰小君君夫人之稱對異邦謙故曰寡小君當此之時諸侯嫡妾不正稱號不審故孔子正言其禮也

禮記曲禮

吾無行而不與二三子者述而篇

新 寡寡德謙辭○吳氏曰凡語中所載如此類者不知何謂或古有之或夫子嘗言之不可攷也

古義 寡寡德謙辭孔氏曰小君君夫人之稱孔氏曰是時嫡妾不正稱號不審故孔子正其禮也○吳氏栻曰凡語中所載如此類者不知何謂或古有之或夫子嘗言之不可攷也

徵 邦君之妻君稱之曰夫人吳栻曰或古有之或夫子嘗言之不可攷也陋矣哉載在禮記則謂得其所焉載在論語則云爾凡周之禮戴記諸書所載皆孔子言之而後門人得書之者耳孔子而前何嘗有書且也孔子之道先王之道也吾無行而不與二三子者謂無隱先王之道也故當時門人於先王之禮於孔子之言行無復差別於其間焉

豈如後世謂是爲某語録者比乎○

論語徵集覽卷之十六　終

論語徵集覽卷之十七

魏　何晏　集解
宋　朱熹　集註
大日本　藤維楨　古義
物茂卿　徵
從四位侍從源賴寬　輯

陽貨第十七

陽貨欲見孔子孔子不見歸孔子豚孔子時其亾也而往拜之遇諸塗謂孔子曰來予與爾言曰懷其寶而迷其邦可謂仁乎曰不可好從事而亟失時可謂

知乎？曰：不可。日月逝矣，歲不我與。孔子曰：諾，吾將仕矣。

古 孔安國曰：陽貨，陽虎也。季氏家臣而專魯國之政，欲見孔子，使仕」孔安國曰：欲使往謝，故遺孔子豚」孔安國曰：塗，道也。於道路與相逢」馬融曰：言孔子」不仕，是懷寶也。知國不治而不爲政，是迷邦也」孔安國曰：言孔子栖栖好從事，而數不遇失時，不得爲有知」馬融曰：年老歲月已往，當急仕」孔安國曰：以順辭免

新 陽貨，季氏家臣，名虎，嘗因季桓子而專國政。欲令孔子來見，已而孔子不往。貨以禮大夫有賜於士，不得受於其家，則往拜其門，故瞰孔子之亡而歸之豚，欲令孔子來拜而見之也」懷寶迷邦，謂懷藏道德，不救國之迷亂。亟，數也。失時，謂不及事幾之會。將者，且然而未必之辭。貨語皆譏孔子而諷使速仕。孔子固未嘗如此，而亦非不欲仕也，但不仕於貨耳。故直據理答之，不復與辯，若不諭其意

者○陽貨之欲見孔子雖其善意然不過欲使助己爲亂耳故孔子不見者義也其往拜者禮也必時其亡而往者欲其稱也遇諸塗而不避者不終絶也隨問而對者理之直也對而不辯者言之遜而亦無所詘也楊氏曰揚雄謂孔子於陽貨也敬所不敬爲詘身以信道非知孔子者蓋道外無身身外無道身詘矣而可以信道吾未之信也

【古義】陽貨季氏家臣名虎嘗因季桓子而專國政魯人素仰孔子貨欲招來謁己以爲重而孔子不往以禮大夫有賜於士不得受於其家則往拜其門故矙孔子之亡而歸之豚欲令孔子來拜而見之也孔子不欲見貨故矙其亡而往也塗道也懷寶迷邦謂懷藏道德不救國之迷亂也德被天下之謂仁亟數也失時謂不及事幾之會也朱氏曰將者且然而未必之辭此記仲尼不爲己甚而示學者以應世之權也夫道可以通天下而甚高難行之事皆非道也凡有志者必迫有氣者必激但聖人道廣德卲於天下無可無不可自有權存無所不宜也論曰舊註曰孔子不見者義也其往拜

者禮也必時其亡而往者欲其稱也遇諸塗而不避者不終絕也隨時而對者理之直也對而不辨者言之遜而亦無所詘也愚謂似則似矣然若聖人之德之大欲言言而論句句而議焉則是欲以昭昭之多而觀天一撮土之多而量地也零碎支離多見其愈鑿而愈遠矣

徵陽貨章朱註義也禮也欲其稱也不終絕也理之直也言之孫而亦無所詘也仁齋先生曰似則似矣然若聖人之德之大欲言言而論句句而議焉則是欲以昭昭之多而觀天一撮土之多而量地也零碎支離多見其愈鑿而愈遠矣二說或一道也不可執一而廢一焉何則仁齋以不爲己甚爲之解是信孟子者也孟子亦對伯夷柳下惠云

不爲己甚孟子離婁篇

孟子萬章篇

揚雄謂法言五百篇

微服過於宋孟子萬章篇

爾若固執其說則天下百孔子矣是不爲己甚可以贊孔子而未足以盡孔子也則所謂昭昭一撮欲量天地者亦誰執其咎也日月逝矣歲不我與雖陽貨猶能爲此言三代之士大夫風流可觀乃先王之詩教也又揚雄謂孔子敬所不敬詘身以信道龜山謂道外無身身外無道身詘矣而可以信道吾未之信也朱子釆之夫古所謂道者謂先王之道也孔子雖曰桓魋其如予何然亦微服過於宋恐文之喪也豈非詘身以伸道邪道外無身身外無道亦謂其行合於先王之道也其在孔子

固矣。孔子之於陽貨。豈外道哉。所指各異。而龜山不解子雲之言。且果其言之是乎。則孔子當以孟子待王驩者待陽貨。是孟子耳。豈可以論孔子哉。

孟子待王驩見公孫丑及離婁篇

子曰性相近也習相遠也子曰唯上知與下愚不移

古 孔安國曰君子慎所習」孔安國曰上知不可使爲惡下愚不可使強賢

新 此所謂性兼氣質而言者也氣質之性固有美惡之不同矣然以其初而言則皆不甚相遠也但習於善則善習於惡則惡於是始相遠耳○程子曰此言氣質之性非言性之本也若言其本則性即是理理無不善孟子之言性善是也何相近之有哉」此承上章而言人之氣質相近之中又有美惡一定而非習之所能移者○程子曰人性本善有不可移者何也語其性則皆善也語其才則有下愚之不移所謂下愚有二焉自暴自棄也人苟以善自治則無不可移雖昏愚之至皆可漸磨而

進也惟自暴者拒之以不信自棄者絶之以不爲雖聖人與居不能化而入也仲尼之所謂下愚也然其質非必昏且愚也往往彊戾而才力有過人者商辛是也聖人以其自絶於善謂之下愚然考其歸則誠愚也或曰此與上章當合爲一子曰二字蓋衍文耳

【古義】或曰下子曰二字衍文今從之此明聖人之教人不責性而專責習也言人性氣質其初未甚相遠但習於善則善習於惡則惡於是始相遠矣學者不可不審其所習焉苟有教以習之則皆可以化而入善唯上知下愚一定不移而已矣論曰孔子曰性相近而孟子專曰性善其言似有不同者何諸孟子學孔子者也其旨豈有異乎其所謂性善者即發明性相近之旨者也蓋自堯舜至於途人其間相去奚翅千萬可謂遠矣而謂之相近者人之性質剛柔昏明雖有不同然而至於其有四端則未嘗不同譬之水焉雖有甘苦清濁之異然其就下則一也故夫子以爲相近而孟子專以爲性善故曰人性之善也猶水之就下也又曰乃若其情則可以爲善矣乃所謂善也皆就生質論

之而非以理言之也若以理言之則豈可以遠近言哉

徵 性相近也習相遠也性者性質也人之性質初不甚相遠及所習殊而後賢不肖之相去遂致遼遠也已孔安國曰君子愼所習得之矣然孔子之心實在勸學如生而知之者上也學而知之者次也困而學之又其次也困而不學民斯爲下矣丘與此章相發焉上卽上知下卽下愚學知困學乃指常人故習誠有善惡而孔子之意專謂及學而爲君子而後其賢知才能與鄉人相遠已未嘗以善惡言之也如十室之邑必有忠信如丘者焉不

生而知之前篇

十室之邑公冶長篇

符讀書城南詩

荀子作性惡篇

如丘之好學也。亦同意。亦不過於韓愈詩所謂欲知學之力。賢愚同一初。兩家各生子。提孩巧相如。少長聚嬉戲。不殊同隊魚。三十骨骼成。乃一龍一豬耳。後漢黨錮傳引此而曰。言者惡之本同。而遷染之塗異也。可見漢儒相傳之說。已自孟子有性善之言。而儒者論性。聚訟萬古。遂以爲孔子論性之言。而不知爲勸學之言也。蓋孔子沒而老莊興。專倡自然而以先王之道爲僞。故孟子發性善以抗之。孟子之學。有時乎失孔氏之舊。故荀子又發性惡以抗之。皆爭宗門者也。宋儒不知之。以本然氣質斷之。殊不知古之言性。皆謂性質。何本然之有。仁齋先生辨之者是矣。然仁齋又以爲孔子孟子其旨不殊焉。其言曰。人之性質。剛柔昏明雖有不同。然而至於其有四端。則未嘗不同。譬之水焉。雖有甘苦清濁之異。然其就下則一也。故夫子以爲相近。而孟子專以爲性善。可謂善解孟子者已。然孔子之意。不在性而在習。孟子則主仁義內外之說。豈一哉。且孔子以上知下愚不移。而孟子則人皆可以爲堯舜。則孟子亦豈非以理言之邪。大氐孟子之言。皆與外人爭者。豈可合諸孔子哉。

孔子曰泰伯篇

唯上知與下愚不移。或以爲子曰字衍也是原思以二語相發。故連記之。豈必一時之言哉。它章亦有若是者焉。豈可拘哉。下愚謂民也。下愚之人不能移。則以爲民而不升諸士也。孔子曰。民可使由之。不可使知之。以學習所不能移也。初非惡其愚焉。又唯言其愚不可學耳。未嘗以善惡言之矣。何則。以知愚言之。而不以賢不肖言之也。如程子以自暴自棄論下愚。大失孔子之意焉。蓋自有孟子性善之説。而學者以善惡見之。遂曰習有善惡。而至於以下愚爲桀紂之徒焉。又自孟子好辯。而學者率以言語爲教務欲以言語化人一如浮屠至有不可得而化者則以下愚目之矣又其意謂聖人可學而至焉氣質可變而盡焉以此立說則至此章而窮矣故遂以自暴自棄目下愚其心謂下愚不移非氣質之罪也其心之罪也是皆坐其不知先王之道又不知古之教法故失孔子當時之意耳蓋移云者非移性之謂矣移亦性也不移亦性也故曰上知與下愚不移言其性殊也中人可上可下亦言其性殊也不知者則謂性可得而移焉夫性豈可移乎學以養之養而後其材成成則

有殊於前是謂之移又謂之變其材之成也性之成也故書曰習與性成非性之移也學者察諸

子之武城聞弦歌之聲夫子莞爾而笑曰割雞焉用牛刀子游對曰昔者偃也聞諸夫子曰君子學道則愛人小人學道則易使也子曰二三子偃之言是也前言戲之耳

古 孔安國曰子游爲武城宰」莞爾小笑貌也」孔安國曰言治小何須用大道」孔安國曰道謂禮樂也樂以和人人和則易使也」孔安國曰從行者」孔安國曰戲以治小而用大道

新 弦琴瑟也時子游爲武城宰以禮樂爲教故邑人皆絃歌也」莞爾小笑貌蓋喜之也因言其治小邑何必用此大道也」君子小人以位言之子游所稱蓋夫子之常言言君子小人皆不可以不學故

武城雖小亦必教以禮樂。嘉子游之篤信又以解門人之惑也○治有大小而其治之必用禮樂則其爲道一也但衆人多不能用而子游獨行之故夫子驟聞而深喜之因反其言以戲之而子游以正對故復是其言而自實其戲也

古義 時子游爲武城宰以禮樂爲治。莞微笑貌言以可大用之道而試之小邑也。君子小人皆不可以不學故武城雖小亦必教之以禮樂。嘉子游之言以明前言之戲也。朱氏曰治有大小而其治之必用禮樂則其爲道一也但衆人多不能用而子游獨行之故夫子驟聞而深喜之○君子之德在於愛人小人之德在於易使君子學道則有以養其仁心故愛人也小人學道則有以消其暴慢故易使也君子小人皆不可以不學也如此後世捨禮樂而任刑殺雖其欲治而可得乎

徵 弦絃古字通用。割鷄焉用牛刀。蓋微言也。子游之宰武城。必有急務也。而子游不知也。禮樂之治。

地志載蘇州常熟縣吳公祠即子游也

徒循常法。幾乎迂矣。然其事必有不可顯言者。故孔子微言爾爾。及於子游猶尚弗悟也。孔子直戲其前言。而不復言其意耳。蓋魯公室弱而三家強僭。其在當時。必有不可得而言者。然今不可知其爲指何事爾。吳有子游祠。則子游亦終有悟於孔子之言。遂不終爲魯臣而去歟。後世詩學弗傳。則人莫知孔子多微言也。則以爲驟聞而深喜之辭。深味其言。豈全無意謂者哉。禮樂仁之術也。故君子學之則愛人。禮達而分定。移風易俗。莫善於樂。故小人學之則易使。孔安國曰。道謂禮樂也。漢時傳授未失其眞者如此焉。後人以當然之理爲道。

遂刪之。悲哉。

公山弗擾以費畔召子欲往子路不說曰末之也已何必公山氏之之也子曰夫召我者而豈徒哉如有用我者吾其爲東周乎

古 孔安國曰弗擾爲季氏宰與陽虎共執季桓子而召孔子孔安國曰之適也無可之則止何必公山氏之適興周道於東方故曰東周

新 弗擾季氏宰與陽虎共執桓子據邑以叛末無也言道既不行無所往矣何必公山氏之往豈徒哉言必用我也爲東周言興周道於東方。程子曰聖人以天下無不可有爲之人亦無不可改過之人故欲往然而終不往者知其必不能改故也

【古義】弗擾季氏宰與陽虎共執桓子據邑以叛」末無也之適也已止也言道既不行無所往矣何必公山氏之適也」爲東周言興周道於東方也」蘇氏軾曰孔子之不助畔人天下之所知也畔而召孔子其志不在於惡矣故孔子因其有善心而收之使不自絶而已弗擾之不能爲東周亦明矣然而用孔子則有可以爲東周之道故子欲往者以其有是道也」論曰聖人之仁天下也至矣苟有善心以向之則雖叛人猶欲往况未爲叛人而有向道之志者乎天下未至於無道而先以無道視之引身自退絶志於斯世者實聖人之罪人也

【徵】興周道於東方。故曰東周何晏解也興周道於東方者。尊王室以號令天下。管仲之事也。而抑三家不足道矣後人或執孟子。以仁義治邦爲說則何必言周也。

子張問仁於孔子孔子曰能行五者於天下爲仁矣請問之曰恭寬信敏惠恭則不侮寬則得衆信則人任焉敏則有功惠則足以使人

古 孔安國曰不見侮慢」孔安國曰應事疾則多成功

新 行是五者則心存而理得矣於天下言無適而不然猶所謂雖之夷狄不可棄者五者之目蓋因子張所不足而言耳任倚仗也又言其效如此○張敬夫曰能行此五者於天下則其心公平而周徧可知矣然恭其本與李氏曰此章與六言六蔽五美四惡之類皆與前後文體大不相似

古義 天下極廣之稱言無處而不然也能行此五者於天下則德敎化流物無不得其所」任倚仗也上總擧五者之目此分言其效如此」此亦專以修德之功夫告之也言能行此五者於天下則親疎貴賤靡思不服其君用之則安富尊榮其子弟從之則孝弟忠信何仁如之夫子以此答之則子張

克己復禮顏淵篇

師過商不及先進篇

進德之深亦可知矣學者以曾子之言甚輕子張其見亦左矣所謂知其一而不知其二者也

徵子張問仁於孔子亦問行仁政也能行五者於天下爲仁矣非謂行此五者卽仁也欲行仁政於天下必行此五者然後仁可得而行也故爲仁與克己復禮爲仁同義訓爲爲謂者非矣蓋必人不侮焉衆歸焉人信任我焉爲事有功焉使人而人不怨焉而後仁政可得而行也非有此五者則欲行仁政不可得也子張才大故孔子以行仁於天下告之孔子以天下告者惟顏子子張耳師過商不及豈非才大乎所以曰過猶不及者謂各有所

長短也。傳先王之道于後世。則子張不及子夏焉。至於子思孟子。皆以議論與天下之人爭。故動曰天下天下焉。後世狃見其言。而謂孔子亦爾。殊不知孔子之言天下者。自有意謂也。朱子不知之。曰猶所謂雖之夷狄不可棄者。可謂窘已。

佛肸召子欲往子路曰昔者由也聞諸夫子曰親於其身爲不善者君子不入也佛肸以中牟畔子之往也如之何子曰然有是言也不曰堅乎磨而不磷不曰白乎涅而不緇吾豈匏瓜也哉焉能繫而不食

古 孔安國曰晉大夫趙簡子之邑宰孔安國曰不入其國孔安國曰磷薄也涅可以染皂言至堅者

磨之而不薄至白者染之於涅而不黑喻君子雖
在濁亂濁亂不能汚匏瓠也言瓠瓜得繫一處者
不食故也吾自食物當東西南
北不得如不食之物繫滯一處

【新】佛肸晉大夫趙氏之中牟宰也子路恐佛肸之
浼夫子故問此以止夫子之行親猶自也不入不
入其黨也磷薄也涅染皂物言人之不善不能浼
已揚氏曰磨不磷涅不緇而後無可無不可堅白
不足而欲自試於磨涅其不磷緇也者幾希匏瓠
也匏瓜繫於一處而不能飲食人則不如是也○
張敬夫曰子路昔者之所聞君子守身之常法夫
子今日之所言聖人體道之大權也然夫子於公
山佛肸之召皆欲往者以天下無不可變之人無
不可爲之事也其卒不往者知其人之終不可變
而事之終不可爲耳一則生
物之仁一則知人之智也

【古義】佛肸晉大夫趙氏之中牟宰也朱氏曰子路
恐佛肸之浼夫子故問此以止夫子之行親猶自
也不入不入其黨也磷薄也涅水中黑土可以染
皂緇黑色夫子言人之不善不能浼己以安子路

之意。匏瓠之苦而不可食者。詩曰。匏有苦葉是也
言吾非如匏瓜無用之物。無資於世者也。蓋因偶
見匏瓜而云然。夫子昔者所言。卽君子守身之常
法。篤信者或能焉。然未盡仁也。夫聖人之視天下
猶己之身。視其疾苦猶己之遭焚溺。苟有善意以
嚮之。則豈拒其召也哉。若拒而不答。則是善自我
絕。而幾乎棄絕天下矣。可謂仁哉。夫人生斯世。當
爲斯世之用。若生斯世而無資於斯世。則曾草木
之不若。豈足爲學乎。故曰。吾豈匏瓜也哉。而門人
於弗擾佛肸二章。皆記其欲往而不記其卒不往
者。蓋示人以夫子仁天下之
心。而其不往者。不暇論焉。

焦氏筆乘說本
皇疏一通

徵 吾豈匏瓜也哉。古來以爲苦匏。焦弱侯獨以爲
星名。得之。廣雅曰。匏瓠也。瓠卽壺盧。豈分甘苦。詩
匏有苦葉。其葉苦已。豈足以爲苦匏之證乎。且所
謂繫者。如日月星辰繫焉之繫。以爲星名。則得以

維南四句詩小雅大東篇

爲苦匏則不得也且以苦匏爲喻鄙俚之甚以星爲喻如維南有箕不可以簸揚維北有斗不可以挹酒漿三代以上亡論士大夫雖閭巷兒女輩能識星緯故時俗有是諺而孔子引之豈不然乎石氏星經史記隋書或曰瓜瓠或曰瓠瓜或曰匏瓜其星近須女須女賤女象掌果蓏蔬菜事凡星皆以類相從匏瓜乃匏與瓜亦爲蔬蓏總名象以命之已蓋在古言匏瓜當爲二物以爲苦匏則爲一物是後世之言耳故知焦說爲是也焉能繫而不食何晏曰吾自食物當東西南北不得如不食之

物繫滯一處得之朱子曰匏瓜繫於一處而不能飲食果其言之是乎則孔子之往爲餔餟也仁齋先生曰夫子昔者所言卽君子守身之定法篤信者或能焉然未盡仁也夫聖人之視天下猶己之身視其疾苦猶己之遭焚溺苟有善意以嚮之則豈拒其召也哉若拒而不答則是善自我絶而幾乎棄絶天下矣可謂仁哉夫人生斯世當爲斯世之用若生斯世而無資於斯世則曾草木之不若豈足爲學乎故曰吾豈匏瓜也哉而門人於弗擾佛肸二章皆記其欲往而不記其卒不往者蓋示

人以夫子仁天下之心。而其不往者不暇論焉。有味乎其言之。

子曰由也女聞六言六蔽矣乎對曰未也居吾語女好仁不好學其蔽也愚好知不好學其蔽也蕩好信不好學其蔽也賊好直不好學其蔽也絞好勇不好學其蔽也亂好剛不好學其蔽也狂

【古】六言六蔽者謂下六事仁知信直勇剛也。孔安國曰子路起對故使還坐。孔安國曰仁者愛物不知所以裁之則愚。孔安國曰蕩無所適守。孔安國曰父子不知相爲隱之輩。孔安國曰狂妄抵觸人

【新】蔽遮掩也。禮君子問更端則起而對故夫子諭子路使還坐而告之。六言皆美德然徒好之而不學以明其理則各有所蔽愚若可陷可罔之類蕩謂窮高極廣而無所止賊謂傷害於物勇者剛之

發剛者勇之體狂躁率也○苑氏曰子路勇於爲善其失之者未能好學以明之也故告之以此曰勇曰剛曰信曰直又皆所以救其偏也

古義蔽遮掩也」禮君子問更端則起而對故孔子諭子路使還坐而告之」仁者愛人然不學以照之則柔而無斷如婦人之仁是也」蕩謂徒窮高遠而無所止也知者求遠然不學以講之則離人倫遠日用如佛老之教是也」賊謂傷害於物信者守堅苟不學以辨之則害道敗事如尾生苟息之信是也」直者不枉苟不學以輔之則急切不寬如子證父攘羊是也」勇者好進苟不學以裁之則逆理亂常也」剛者不屈苟不學以制之則妄抵觸人」此言學問之功甚大也蓋六者皆天下之美德然或原于氣質之稟或出於好尚之偏而不能得其正必待學問而後救偏補弊能成其德則天下豈有大於學問之功者哉」論曰學問之功至矣苟學以講之則事有所法偏有所救而於天下之事自無所迷若徒任其獨智則雖鈎深探賾發天下之秘皆不得其正故易曰君子多識前言往行以蓄其德若

佛老之徒非不窮高極遠然而其所以離世廢倫獲罪於聖人者皆由絶聖棄智祛其見聞也故孔門必以學爲入德之要也

徵 六言六蔽蓋古語也其它如請問其目行五者請問其目顏淵篇行五者本篇三樂以下並見季氏篇於天下三樂三友三畏三愆古人以條目教之以條目守之其爲實學可以知已後人輒欲以一槩之論通之不務實故也是蓋其意以一貫爲大小大事自謂使我在孔子時必與聞之而發其所自得一貫之說以教學者耳豈不妄哉六言之蔽皆在不好學而泰伯篇直之絞勇之亂皆以無禮言之蓋古之學謂詩書禮樂以學先王之道而詩書

禮樂得於身數見
可陷可罔雍也篇
子産事見孟子離婁篇
漢書刑法志

義之府。禮樂德之則。則其所以成德者。專在禮樂焉。故曰禮樂得於身謂之德。是以此以不好學。彼以無禮。其旨一也。仁之愚。朱子曰君可陷可罔之類得之。蓋如子産之以其乘輿濟人於溱洧。文帝之以笞杖易肉刑是也。何則肉刑猶得生。乃有死於杖下者。豈非愚哉。仁齋曰仁者愛人。然不學以照之。則柔而無斷。如婦人之仁。是專以學爲知之事。以仁爲慈愛。可謂不知仁。又不知學已。知之蕩。朱子曰謂窮高極廣而無所止。得之。後儒掃禮樂鬼神而一歸于理。亦蕩已。大氐知者象天。仁者象地。故其蔽也。如此。信之賊。謂任俠之輩也。說者徒以害道敗事爲解。可謂不得其解已。剛之狂。孔安國曰。狂妄抵觸人。得之。朱子曰。勇者剛之發。剛者勇之體。則勇剛一也。殊不知六言本言六種德耳。德以性殊。故有多品。然必學以成之。然後可以爲德。當其未成德。則性之所近。好之已。勇謂其勇往之氣。剛謂性不柔順。本自不同也。仁齋曰。六者必待學問。而後救偏補弊。能成其德。此後世議論已。殊不知學則納身於先王陶冶之中矣。人苟能納身於先王陶冶之中。以養其德。則仁知信直勇剛皆成其材足以有用焉不必救其偏補其弊也辟如推鑿刀鋸。各有其用已。

子曰小子何莫學夫詩詩可以興可以觀可以羣可以怨邇之事父遠之事君多識於鳥獸艸木之名

【古】包氏曰小子門人也。孔安國曰興引譬連類也。鄭玄曰觀風俗之盛衰。孔安國曰羣居相切磋。孔安國曰怨刺上政。孔安國曰邇近也

【新】小子弟子也。感發志意考見得失。和而不流。怨而不怒。人倫之道詩無不備二者舉重而言。其緒餘又足以資多識。○學詩之法此章盡之讀是經者所宜盡心也

【古義】小子弟子也。志意興起而易以入于善。觀古今人情風俗之所由可以從政可以立教。羣而不黨心之和也。怨而不怒情之厚也。人倫之道得失悉備故足以得事父事君。博物洽聞則知識不陋

而處事有益此夫子爲門人論讀詩之益也蓋學問不可強作必非志意興起則莫以入于善故以可以興先之不知人情風俗之所以然則莫以施政立教故以可以觀次之得于詩則得性情之和故可以羣可以怨而其心温厚和平能得明人倫博通庶物能得廣見聞學者苟於此有得焉則其益有不可勝言者矣然夫子唯許子貢子夏以始可與言詩已矣則悟詩之難亦非初學者可驟而至者也學者知其易亦知其難可也

徵 詩可以興孔安國曰興引譬連類可以觀鄭玄曰觀風俗之盛衰後漢去前漢未久而孔說非鄭所能及也何況朱子乎大氐詩道性情主諷詠觸類而賦從容以發言非典則旨在微婉繁繁雜雜零零碎碎大小具在左右逢原故其義無窮大非

它經之比焉然其用在興與觀已興者從其自取展轉弗已是也觀者默而存之情態在目是也朱註感發志意者觀也非興也考見得失者僅其是非之見耳安可以盡觀之義乎凡諸政治風俗世運升降人物情態在朝廷可以識閭巷在盛代可以識衰世在君子可以識小人在丈夫可以識婦人在平常可以識變亂天下之事皆萃于我者觀之功也書爲聖賢大訓而禮樂乃德之則苟非詩爲之輔則何以能體諸性情周悉不遺哉及於興以取諸則或正或反或旁或側或全或支或比或

類。不爲典常。觸類以長。引而伸之。愈出愈新。辟如繭之抽緒。比諸燧之傳薪。取自我者。可施天下焉。是興之功也。禮樂典誥。教法不渝。若不有詩以爲之輔。則何以能應酬事物變化莫盡哉。此詩之用。全在是二者也。可以羣。可以怨。皆所以用詩之方也。羣。孔安國曰。羣居相切磋。怨。孔安國曰。怨刺上政。蓋此二者。皆以興觀。行之。無事則羣居切磋諷詠相爲。則義理無窮。默而識之。則深契於道。此非羣乎。有事則主文譎諫。或唱酬相承以引之者。興也。或不言而賦以示之者。觀也。言者無罪。聞者不

怨此非怨乎朱註和而不流怨而不怒皆無關乎詩焉邇之事父遠之事君亦皆以興觀羣怨行之至於多識乃其緒餘舊註盡之

子謂伯魚曰汝爲周南召南矣乎人而不爲周南召南其猶正牆面而立也與

【古】馬融曰周南召南國風之始樂得淑女以配君子三綱之首王教之端故人而不爲如向牆而立

【新】爲猶學也周南召南詩首篇名所言皆脩身齊家之事正牆面而立言卽其至近之地而一物無所見一步不可行

【古義】爲猶學也周南召南詩首篇名正牆面而立謂正向牆而立言前後左右皆無所見也二南之詩皆言盛周王化之所及而脩身齊家之道無所不備也苟不讀二南而知先王風化之盛其奚以

能除我鄙陋之氣而造夫廣大之域故曰其猶正牆面而立也與蓋識夫苟安於目前之小康而不知聖世之大同也

徵馬融曰周南召南國風之始樂得淑女以配君子三綱之首王教之端故人而不爲知向牆而立

朱子曰周南召南所言皆脩身齊家之事正牆面而立言卽其至近之地而一物無所見一步不可行仁齋云二南之詩皆言盛周王化之所及而脩身齊家之事無所不備也苟不讀二南而知先王風化之盛其何以能除我鄙陋之氣而造夫廣大之域故曰其猶正牆面而立也與蓋識夫苟安於

書曰周官

目前之小康而不知聖世之大同也。樂得淑女以配君子，言關雎耳。二南何嘗脩身齊家之事？朱子爲不曉語意矣。脩身齊家之事，豈二南所能盡哉？小康大同不識措語，仁齋亦失之矣。蓋書曰「不學牆面」，故「其猶正牆面而立也與」者，言其不學耳。古之學，詩書禮樂，而詩禮爲先，二南亦爲詩之首，故孔子云爾。且君子生於周世，則學周家先王之道，以成其德，得爲周家君子，而二南實可以見周先王教化之盛，自家而國以及天下焉。故周世學問之道，必由斯始已。後世儒者狃佛老之習，誤謂學

以成聖人而不識學以成當世士君子故所見皆後世窮措大解如此章不爲二南之爲牆面皆不得其解妄言云云可醜之甚

子曰禮云禮云玉帛云乎哉樂云樂云鐘鼓云乎哉

【古】鄭玄曰玉圭璋之屬帛束帛之屬言禮非但崇此玉帛而已所貴者乃貴其安上治民馬融曰樂之所貴者移風易俗非但謂鐘鼓而已

【新】敬而將之以玉帛則爲禮和而發之以鐘鼓則爲樂遺其本而專事其末則豈禮樂之謂哉○程子曰禮只是一箇序樂只是一箇和只此兩字含蓄多少義理天下無一物無禮樂且如置此兩椅一不正便是無序無序便乖乖便不和又如盜賊至爲不道然亦有禮樂蓋必有總屬必相聽順乃能爲盜不然則叛亂無統不能一日相聚而爲盜也禮樂无處無之學者要須識得

古義玉帛禮之物，鐘鼓樂之器，本非禮樂之實。言人徒視其器物，而不知禮樂之德有在，則豈足稱其名哉！禮可以安上治民，樂可以移風易俗，豈玉帛鐘鼓之云乎哉！故禮儀三百，威儀三千，必待其人而行。苟非其人，則雖儀文無失，聲容可觀，而無以見禮樂之實也。

徵禮以玉帛云，樂以鐘鼓云，皆其大者也。故此章，孔子爲人君言之。蓋先王禮樂之道，施於己則以此成其德，用於人則以此成其俗。先王之所以施不言之教，成無爲之化者，專在此焉。然世之人君不識此，而徒以悅耳目之具者衆矣。故孔子有此言也。馬、鄭以安上治民、移風易俗，是此章所主在人君，故此解得之。朱子以敬和言，程子以序和言，皆其家學徒言其理而遺其事焉且敬序和豈足以盡禮樂之理哉至於程子云盜賊亦有禮樂眞亂道哉夫三代以下所無而謂盜賊有之可乎是其意極言禮樂不可須臾離之意耳然其人不尊信聖人而吾欲以言語喻其人豈可得乎要之聖人者不可得而及之矣故尊信其道而奉之必有是心而後可得而教之焉乃欲向不信之人而以辨言俾其信之是孟子以後之失也

子曰色厲而內荏譬諸小人其猶穿窬之盜也與

古 孔安國曰荏柔也爲外自矜厲而內柔佞孔安國曰爲人如此猶小人之有盜心穿穿壁窬窬牆

【新】厲，威嚴也。荏，柔弱也。小人，細民也。穿，穿壁；窬，踰牆。言其無實盜名而常畏人知也。

【古義】厲，矜莊也。荏，柔弱也。小人，細民也。穿，穿壁；窬，踰牆。言內實柔弱，外事矜持，故每恐人之知之，猶穿窬之盜恐人之知之，鄙之之甚也。此爲在位者言。蓋色欲溫，心欲剛，而上之於下，必莊其顏色以臨之，而內或有所溺焉，則恐人之知之，豈可不赧乎。

【徵】色厲而內荏，是主色而言。謂色莊而內不莊也。不言心而言內。故知其主色而言也。仁齋乃謂色欲溫心欲剛。謬哉。剛誠美德。然好剛而不好學。其蔽也狂。未聞古有心欲剛之言焉。仁齋昧乎辭而造是言。豈非理學之弊乎。

子曰：鄉原，德之賊也。

孟子盡心篇荀子正論篇曰上端誠則下原慤矣

古 周生烈曰所至之鄉輒原其人情而爲意以待之是賊亂德者也一曰鄉向也古字同謂人不能剛毅而見人輒原其趣嚮容媚而合之言此所以賊德也

新 鄉者鄙俗之意原與愿同荀子原慤註讀作愿是也鄉原鄉人之愿者也蓋其同流合汙以媚於世故在鄉人之中獨以愿稱夫子以其似德非德而反亂乎德故以爲德之賊而深惡之詳見孟子末篇

古義 原與愿同謹也鄉原以其同流俗合汙世鄉人皆稱愿人者也夫子以其似德非德反亂於德故以爲德之賊也陳氏櫟曰眞非不足以惑人惟似是而非者最易以惑人故夫子以爲德之賊

徵 鄉原朱子據孟子爲之解引荀子註原之爲愿可謂善解已何周云云蓋未睹孟子耳德之賊也謂賊德也言賊害有德之人也蓋鄉原似有德而

非有德一鄉之人皆以爲善人，是足以亂有德之人，則亦能妨害於有德之人，故云爾。

子曰：道聽而塗說，德之棄也。

古 馬融曰：聞之於道路，則傳而說之。

新 雖聞善言，不爲已有，是自棄其德也。○王氏曰：君子多識前言往行以畜其德，道聽塗說則棄之。

古義 道聽塗說，謂實無所得而輕聽妄說也。棄，廢也。○此夫子歎後世道德之下衰也。蓋在昔尊道甚篤，而不敢容易論之，必也躬行心得，爛熟融釋，有餘於已，而後應於人，故聽之者有所益，而用之者必當其可也。及至後世，道聽塗說，不要其實，輕浮淺露，靡然成俗，其著書作文，肆然談天下之事，巧麗富藻，雖若可悅，然實道聽塗說之流，要不足尚焉。

徵 道聽而塗說，謂口耳之學也。道塗亦喻耳。○馬融以爲道塗之傳說亦不識言語之道矣德之棄也謂棄德言也德言者謂有德人之言也古者受諸師學而得諸己驗諸其行然後言孔子曰有德者有言古之貴德言也口耳之學雖無所得於己亦言之至於不得於己而言之則無不可言者是人騁其知辨粲然可聽故有德之言由此見棄也朱子曰雖聞善言不爲己有是自棄其德也可謂失於辭已

孔子曰憲問篇

子曰鄙夫可與事君也與哉其未得之也患得之旣得之患失之苟患失之無所不至矣

古 孔安國曰言不可與事君」患得之者患不能得之楚俗言」鄭玄曰無所不至者言邪媚無所不爲

新 鄙夫庸惡陋劣之稱」何氏曰患得之謂患不能得之」小則吮癰舐痔大則弒父與君皆生於患失而已（）胡氏曰許昌靳裁之有言曰士之品大槩有三志於道德者功名不足以累其心志於功名者富貴不足以累其心志於富貴而已者則亦無所不至矣志於富貴即孔子所謂鄙夫也

古義 鄙夫凡陋卑汙不見義理者指在位之人而言」何氏曰患得之謂患不能得之或曰患得之當作患不得之」鄙夫之事君其患得之也猶有所顧慮至於患失之則非止報懟醜惡之事無所不爲凡其可利於已者雖人之患難國之傾覆皆在所不顧故聖人深惡之庸君以爲良臣每近狎倚賴而不知此皆禍亂之漸覆亾之招也可不戒乎（）許昌靳裁之曰士之品大槩有三志於道德者功名不足以累其心志於功名者富貴不足以累其心志於富貴而已者則亦無所不至矣志於富貴即孔子所謂鄙夫也

左傳襄公二十四年

徵 其未得之也患得之何晏曰患得之者患不能得之楚俗言可見古人解有所本已葢孔子猶俗言何晏時猶在楚也苟患失之無所不至矣鄭玄曰無所不至者言其邪媚無所不爲朱子曰小則吮癰舐痔大則弒父與君皆生於患失而已可謂深切痛快已斬截之曰士之品大槩有三志於道德者功名不足以累其心志於功名者富貴不足以累其心志於富貴而已者則亦無所不至矣志於富貴即孔子所謂鄙夫也是後世之論也左傳曰大上立德其次立功其次立言是古語也孔子

亦唯言求富貴之失而未嘗及功名觀其取管仲可以見已道者先王之道也學先王之道以成德於己是所謂道德也其學先王之道以成德於己亦將以用之於世故孔子曰用之則行舍之則藏豈無用之謂哉後世內聖外王之說淪於人心腑而後道德與功名判焉如孔子時亦豈無求功名之失哉然孔子不言之者功名之不可棄也故蘄裁之之言亦獨善其身者之言也其所謂道德者亦非古所謂道德矣學者察諸

子曰古者民有三疾今也或是之亡也古之狂也肆

今之狂也蕩古之矜也廉今之矜也忿戾古之愚也直今之愚也詐而已矣

【古】包氏曰言古者民疾與今時異」包氏曰肆極意敢言」孔安國曰蕩無所據」馬融曰有廉隅」孔安國曰惡理多怒

【新】氣失其平則爲疾故氣稟之偏者亦謂之疾昔所謂疾今亦亡之傷俗之益衰也」狂者志願太高肆謂不拘小節蕩則踰大閑矣矜者持守太嚴廉謂稜角陗厲忿戾則至於爭矣愚者暗昧不明直謂徑行自遂詐則挾私妄作矣」○范氏曰末世滋僞豈惟賢者不如古哉民性之蔽亦與古人異矣

【古義】昔所謂疾今亦亡之傷俗之益衰也」朱氏曰狂者志願太高肆謂不拘小節蕩則踰大閑矣」朱氏曰矜者持身太嚴廉謂稜角峭厲忿戾則至於爭矣」朱氏曰愚者暗昧不明直謂徑行自遂詐則挾私妄作矣」時世之變實憂世道者之所深歎也故曰肆曰廉曰直皆氣質之偏而謂之疾至於蕩

子張篇子夏曰大德不踰閑

老子五十八章

與忿戾與詐則惡而已矣非疾也蓋三者之爲疾猶足就此以見其俗之淳朴至於後世則民性習於惡俗而雖斯疾亦無此風俗之所以益渝而不復古也

徵 或是之亾也或者有也亡無通或是之亾也者無有是也古之狂也肆包咸曰肆極意敢言此解本於孔安國妄抵觸人意今之狂也蕩孔安國曰蕩無所據是亦謂世衰而禮廢也朱子曰肆謂不拘小節蕩則踰大閑矣乃誤解子夏之言者子夏豈以狂者爲至哉理學之失名不當物者如此夫古之矜也廉馬融曰有廉隅是別於廉潔之廉然如老子廉而不劌古唯謂廉隅耳稱不欲爲廉蓋

後世之言耳論語中言不欲者卽後世之廉也矜本矜莊之矜美德也未有以爲狂愚之類者矣葢矜卽狷狷或作獧或作矜古字通用耳如鰥矜通用葢狷或由鰥轉用老而無妻亦自守大過者所爲也今之矜也忿戾孔安國曰惡理多怒惡理或漢時言或有脫悮

子曰巧言令色鮮矣仁

古 王肅曰巧言無實令色無質

新 重出

古義 重出

徵無說

子曰惡紫之奪朱也惡鄭聲之亂雅樂也惡利口之覆邦家者

【古】孔安國曰朱正色紫間色之好者惡其邪好而奪正色。包氏曰鄭聲淫聲之哀者惡其亂雅樂。孔安國曰利口之人多言少實苟能悅媚時君傾覆國家

【新】朱正色紫間色雅正也利口捷給覆傾敗也○范氏曰天下之理正而勝者常少不正而勝者常多聖人所以惡之也利口之人以是爲非以非爲是以賢爲不肖以不肖爲賢人君苟悅而信之則國家之覆也不難矣

【古義】朱正色紫間色鄭聲鄭國之音雅樂正樂也利口之人多言少實苟聽之則能傾覆國家三者皆似是而實非故聖人深惡之。凡天下之事其是非善惡之甚著者判然易見不足以惑人惟夫似

告顏子衛靈公篇

是而實非似善而實惡者人心疑惑足以亂正其害有不可勝言者矣此孔子之所以惡鄉原也

徵 惡紫之奪朱也此一句譬喻惡鄭聲之亂雅樂也即告顏子放鄭聲也惡利口之覆邦家者即告顏子遠佞人也聖人之道禮樂而已矣故惡此二者焉學者多以利口之覆邦家爲變亂是非是誠然然所謂是非者苟不以禮爲據將何所底止故後儒益辯是非而是非益不定矣學者察諸鄭聲之亂雅樂亦其可娛人耳者過於雅樂故聖人惡之故之

子曰予欲無言子貢曰子如不言則小子何述焉子

曰天何言哉四時行焉百物生焉天何言哉

【古】言之爲益少故欲無言

【新】學者多以言語觀聖人而不察其天理流行之實有不待言而著者是以徒得其言而不得其所以言故夫子發此以警之」子貢正以言語觀聖人者故疑而問之」四時行百物生莫非天理發見流行之實不待言而可見聖人一動一靜莫非妙道精義之發亦天而已豈待言而顯哉此亦開示子貢之切惜乎其終不喻也○程子曰孔子之道譬如日星之明猶患門人未能盡曉故曰予欲無言若顏子則便默識其他則未免疑問故曰小子何述又曰天何言哉四時行焉百物生焉則可謂至明白矣愚按此與前篇無隱之意相發學者詳之

【古義】學者專貴言語而不知尚實德故夫子發此以警之」言天雖不言然四時自行百物自生道之行亦何待言語焉」此欲學者不求於言語而深務其實也夫有實而無言不足以爲患以雖無言必

行也若有言而無實則雖巧文麗辭極天下之辨無益故曰天何言哉四時行焉百物生焉天何言哉○歐陽子曰脩於身者無所不獲施於事者有得有不得焉其見於言者則又有能有不能也施於事矣不見於言可也脩於身矣不施於事亦可也若顔回在陋巷曲肱饑臥而已其群居則默然終日如愚人然自當時群弟子皆推尊之以爲不敢望而及而後世更百千歲亦未有能及之者其不朽而存者固不待施於事況於言乎自三代秦漢以來著書之士多者至百餘篇少者猶三四十篇其人不可勝數而散亾磨滅百不一二存焉言之不可恃也蓋如此

徵 予欲無言。朱子有見乎高妙也。故曰。學者多以言語觀聖人。而不察其天理流行之實有不待言而著者。是以徒得其言。而不得其所以言。故夫子發此以警之。仁齋有見乎平實也。故曰。學者專貴言語。而不知貴實德。故夫子發此以警之。殊不知此章本爲教而發也。教者謂禮樂也。夫學者旣知貴聖人。豈以言語觀孔子乎。故朱子說非矣。又若仁齋之說。則非夫子不欲言。而欲學者之無言。故夫子姑以是警之耳。且所謂實德者。苟非言以教之。則何以能知之行之而成其德乎。則學者之惑益不可解焉。孔子時語意。必不若是矣。何晏曰。言之爲益少。故欲無言。此古來相傳之說。故其言雖淺乎。反得孔子時意焉。蓋先王之教禮樂而已矣。其意以爲言之爲益少也。故以禮樂教之。及孔子時。禮樂存而人不識其義故孔子明其義以教之。於是乎學者皆以爲義止是焉。豈知言之爲益少也。不可以廣包莫所遺也。孔子舉一隅以言之耳。及於或稍深切其言以詳悉之也。學者愈益以爲義盡是焉。而不知其猶塵塵乎一端也。害生於是焉。故孔子欲無言。明禮樂之義不可以言盡也。觀於子貢小子何述焉。則孔子爲教而發者審矣。夫禮樂事而已矣。莫有言語。亦其尊先王如天。故引天以明其不待言而可黙識之也。夫禮樂之教至於黙而識之。其義莫有窮盡也哉。噫。二先生之不知道一低一昂簸弄聖人之道以至使學者莫所準則者豈不悲哉朱子又謂與前篇無隱之意相發是亦謂其相近耳彼以己言之故不引天此以先王之道言之故喻以天孔子尊天至矣尊先王之道至矣豈以天自喻乎

孺悲欲見孔子孔子辭以疾將命者出戶取瑟而歌使之聞之

古 孺悲魯人也孔子不欲見故辭之以疾爲其將命者不已故歌令將命者悟所以令孺悲思之

新 孺悲魯人嘗學士喪禮於孔子當是時必有以得罪者故辭以疾而又使知其非疾以警教之也程子曰此孟子所謂不屑之教誨所以深教之也

不屑之教誨告子篇

古義 孺悲魯人朱氏曰當是時必有以得罪者故辭以疾而又使知其非疾以警教也張氏栻曰孺悲之不見疑在棄絕之域矣取瑟而歌聞之是亦教誨之而終不棄也聖人之仁天地生物之心歟

徵 孺悲欲見孔子。程子引孟子不屑之教誨爲是。不屑之教誨。孟子蓋傳孔門之義云爾。

宰我問三年之喪期已久矣君子三年不爲禮禮必壞三年不爲樂樂必崩舊穀既没新穀既升鑽燧改火期可已矣子曰食夫稻衣夫錦於女安乎曰安女安則爲之夫君子之居喪食旨不甘聞樂不樂居處不安故不爲也今女安則爲之宰我出子曰予之不仁也子生三年然後免於父母之懷夫三年之喪天

下之通喪也予也有三年之愛於其父母乎

古 馬融曰周書月令有更火之文春取榆柳之火夏取棗杏之火季夏取桑柘之火秋取柞楢之火冬取槐檀之火一年之中鑽火各異木故曰改火也」孔安國曰旨美也責其無仁恩於親故再言女安則爲之」馬融曰子生於三歲爲父母所懷抱」孔安國曰自天子達於庶人」孔安國曰言子之於父母欲報之恩昊天罔極

而予也有三年之愛乎

新 期周年也」恐居喪不習而崩壞也」沒盡也升登也燧取火之木也改火春取榆柳之火夏取棗杏之火夏季取桑柘之火秋取柞楢之火冬取槐檀之火亦一年而周也已止也言期年則天運一周時物皆變喪至此可止也尹氏曰短喪之說下愚且恥言之宰我親學聖人之門而以是爲問者有所疑於心而不敢强焉」爾禮父母之喪既殯食粥麤衰既葬疏食水飲受以成布期而小祥始食菜菓練冠縓緣要絰不除無食稻衣錦之理夫子欲宰我反求諸心自得其所以不忍者故問之以此

而宰我不察也」此夫子之言也旨亦甘也初言女安則爲之絶之之辭又發其不忍之端以警其不察而再言女安則爲之以深責之宰我既出夫子懼其眞以爲可安而遂行之故深探其本而斥之言由其不仁故愛親之薄如此也懷抱也又言君子所以不忍於親而喪必三年之故使之聞之或能反求而終得其本心也○范氏曰喪雖止於三年然賢者之情則無窮也特以聖人爲之中制而不敢過故必俯而就之非以三年之喪爲足以報其親也所謂三年然後免於父母之懷特以責宰我之無恩欲其有以跂而及之爾

【古義】期周年也」宰我言喪不可三年之義」宰我又言喪一期既足之意没盡也升登也燧取火之木也改火按周禮司爟掌行火之政令四時變國火以救時疾註曰春取榆柳之火夏取棗杏之火夏季取桑柘之火秋取柞楢之火冬取槐檀之火今詳本文明是一年一改火而非四時各變火則不可專據周禮以解此章也」稻穤也穀之甚美者父母之喪斬衰三年期而小祥始食菜果練冠縓緣

要經不除三年喪終初食稻衣錦」此夫子之言也旨美也朱氏曰初言女安則爲之絕之之辭又發其不忍之端以警其不察而再言女安則爲之以深責之」懷抱也通達也夫子不欲面斥其過及宰我既出而深推言君子喪必三年之故而使之聞之蓋欲有所悔悟思而得之也」宰我此言其必在於具慶之時乎蓋幼而喪父母與父母俱存者自無此心故或有疑於喪必三年之說若一旦遭大故則自有不能已之至情故曰人未有自致者也必也親喪乎況觀夫子曰今女安則爲之則知宰我此時父母猶在夫子之於父母有所怙恃乃得生育自天子以至于庶人一也苟能知子生三年然後免於父母之懷之意其誰有疑於三年之喪而聖人制爲三年之喪者蓋取纔足以報懷抱之恩爾豈以此爲足盡其報親之道乎夫子之言甚明白矣禮家以爲聖人特爲之中制者蓋臆說也

徵 孔子時當革命之秋孔子之道大行於天下必改禮樂宰我之智蓋窺見其意故有期可已矣之

問是非己欲短喪也言若制作禮樂則期可已矣耳不然三年之喪先王之制也當世之人遵奉而不敢違也況宰我之在聖門豈無故而有此問乎宋儒好自高而輕詆人亾論己仁齋先生怪其孔門高第而有此問也乃曰其必在於具慶之日乎是不得其解而爲之回護者也夫禮者緣人情而作者也故孔子曰安則爲之後儒不知道故以爲深責宰我可謂謬矣宰我曰君子三年不爲禮禮必壞三年不爲樂樂必崩可見孔子時禮樂至重耳故宰我不以它而以禮樂若後世儒者何有此

周禮夏官

言乎鑽燧改火仁齋曰今詳本文明是一年一改火而非四時各變火則不可專據周禮以解此章也是仁齋執一部論語而不信它經言教至孔子而斬新開闢而輕先王之道故作是言耳且周禮司爟氏但有變火之文而春鑽榆柳等說鄭玄不言但引鄭司農何晏亦引周書按正義鄒子周書其義爲一則其爲鄒衍等所創亦未可知也且其意以爲一改火者豈清明之日邪本文曰舊穀既沒新穀旣升鑽燧改火期可已矣則十二月死者三月改火輒除喪邪春夏死者九月穀升輒除喪

邪本文唯言農時一周改火一周以明期可已之義耳亦昧乎辭之過也仁齋又曰稻糯也穀之甚美者殊不知在田曰稻刈穫曰禾去藁曰粟去殼曰米米而未舂曰糲已舂曰粲皆一物也而稻爲糯粟爲秫類粱爲粟中一種皆後世醫家之說非古言矣仁齋又曰夫子於父母有所怙恃乃得生育自天子以至于庶人一也苟能知子生三年然後免於父母之懷之意其誰有疑於三年之喪而聖人制爲三年之喪者葢取纔足以報懷抱之恩爾豈以此爲足盡其報親之道乎夫子之言甚明

曾子曰學而篇

白矣。禮家以爲聖人特爲之中制者。蓋臆說也。仁齋可謂不識禮。又不識中矣。夫三年之喪。以盡子之哀。聖人之心。以此爲足以報懷抱之恩。則豈不迂乎。然孔子所以云爾者。迺禮之所取于類爲爾。曾子曰。愼終追遠。民德歸厚。是制禮之意也。且所謂中者。謂聖人爲民立極也。故漢儒解極爲中。極者謂聖人立此而俾民守也。宋儒不識是義。乃取理其臆。而欲睹夫無過不及意。仁齋亦爾。予故曰不識禮。又不識中也。

子曰飽食終日無所用心難矣哉不有博奕者乎爲

之猶賢乎已

古 馬融曰爲其無所據樂善生淫欲

新 博局戲也奕圍碁也已止也李氏曰聖人非教人博奕也所以甚言無所用心之不可爾

古義 博局戲也奕者圍碁也已止也此言不用心之甚不可也非取博奕也孟子曰飽食煖衣逸居而無教則近於禽獸亦以無所用心比之禽獸也

徵 不有博奕者乎爲之猶賢乎已馬融曰爲其無所據樂善生淫欲漢儒雖笨乎不失古時意如此解亦大佳孔子可謂善識人情已禮樂之教亦有此意博局戲如雙陸格五類奕圍碁也孔子此語必有所爲而言之今老而無世務者或以此消日

或持念珠稱佛必合於孔子之心不然者皆無所據樂善生淫欲也相傳丹朱愚堯作碁教之或以爲舜教商均予則謂豈無是事哉其處朱均必當如舜於象已使有司治其國政則爲朱均者宜無事事焉無事事則無所據樂善生淫欲故教之奕以制其心亦或聖人之術然焉自後世賭博盛行而諸老先生難解之乃謂甚言無所用心之不可爾以余觀之博奕猶勝於靜坐持敬者已

子路曰君子尚勇乎子曰君子義以爲上君子有勇而無義爲亂小人有勇而無義爲盜

古無註

新 尚上之也君子爲亂小人爲盜皆以位而言者也尹氏曰義以爲尚則其爲勇也大矣子路好勇故夫子以此救其失也胡氏曰疑此子路初見孔子時問答也

古義 尚上之也君子小人皆以位而言義者聖人之大用也大而死生存亾小而進退取捨必由是而决故義以爲上則志有所立而氣有所帥不依勇而自裕如也若勇而無義則君子爲亂小人爲盜而其害有不可勝言者矣蓋義之與勇其趣相似而實甚殊矣此子路所以有上勇之、問而夫子有義以爲上之說也

徵 子路曰。君子尚勇乎。子曰。君子義以爲上。是問以上勇。答以上義。蓋欲其以義裁勇。故曰君子有勇而無義爲亂。小人有勇而無義爲盜。皆謂素有

勇者也。仁齋曰。義者聖人之大用也。大而死生存亡。小而進退取舍。必由是而決。故義以爲上。則志有所立。而氣有所帥。此援孟子浩然以解此章。殊不知孟子言義以生勇。自與此章不同矣。且所謂義者。先王之古義也。古曰以義制事。故勇者以義制其事。則雖勇不至爲亂盜也。仁齋乃謂義與勇相似。可謂謬已。勇德也。義道也。豈可爲似乎。皆昧乎古言之過也。

子貢曰君子亦有惡乎子曰有惡惡稱人之惡者惡居下流而訕上者惡勇而無禮者惡果敢而窒者曰

孟子浩然氣公孫丑篇

古曰尚書仲虺之誥。

賜也亦有惡乎惡徼以爲知者惡不遜以爲勇者惡訐以爲直者

古 包氏曰好稱說人之惡所以爲惡孔安國曰訕謗毀馬融曰窒窒塞也孔安國曰徼抄也抄人之意以爲己有包氏曰訐謂攻發人之陰私

新 訕謗毀也窒不通也稱人惡則無仁厚之意下訕上則無忠敬之心勇無禮則爲亂果而窒則妄作故夫子惡之惡徼以下子貢之言也徼伺察也訐謂攻發人之陰私〇楊氏曰仁者無一不愛則君子疑若無惡矣子貢之有是心也故問焉以質其是非侯氏曰聖賢之所惡如此所謂唯仁者能惡人也

古義 楊氏曰仁者無不愛則君子疑若無惡矣子貢之有是心也故問焉以質其是非訕謗毀也窒塞也邢氏曰謂好爲果敢窒塞人之善道也稱人之惡者薄也下而訕上者逆也勇而無禮者暴也

果敢而窒者枉也故夫子皆惡之夫子又反問子貢以發其意此子貢之言也徼伺察也訐謂攻發人之陰私也夫子之所惡是惡人自不知其不善者其意平也其惡易知而無意於惡之者也子貢之所惡是惡人自以爲善而其意甚不善者其情似刻矣其惡難察而有意於惡之者也唯夫子之言猶天地之易簡而易知易從豈不大哉

徵 惡稱人之惡者稱揚也揚言之也君子豈絶口不言人之惡乎至於揚言之以播於衆則惡之朱子曰無仁厚之意仁齋曰薄也皆不識稱字之義居下流再見子張篇彼謂身爲逋逃藪辟諸衆流所歸焉此亦謂身爲衆惡人所歸會者大氏訕上者冀有以規箴挽回上意也若其身既爲衆惡所

歸湊者是衆所賤也。雖有所謗訕。亦不足以規箴挽囘上意。徒以扇動民怨。以生禍亂耳。故不言下位而言下流耳。世人不解。徒以爲居下而訕上非矣。夫下民怨咨。情之常也。聖人豈惡之乎。稱揚人之惡。居下流而訕上。皆可以增薄俗害政治。故聖人惡之。勇而無禮者。果敢而窒者。皆必至爲亂。故聖人亦惡之。窒。馬融曰。窒。窒塞也。邢昺以爲窒塞善道。然此與無禮一類。止當言其人。未必言其事。從馬融可也。徼。孔安國曰。徼。抄也。抄人之意以爲己有。朱子曰。徼。伺察也。然遍檢字書。無此義。徼僥同。僥幸亦抄取之義耳。蓋徼訓伺察。乃朱子以其意爲解者。後世之見也。孔子時猶以政治爲道。故善出謀慮爲知。後世則以學問爲道。故無所不知爲知。故訓伺察。非古義也。訓抄爲得古意。徼以爲知。謂抄取人之嘉謀善慮。以爲已知者也。仁齋先生曰。夫子之所惡。是惡人自不知其不善者。其意平也。其惡易知。而無意於惡之者也。子貢之所惡。是惡人自以爲善。而其意甚不善者。其情似刻矣。其惡難察。而有意於惡之者也。唯夫子之言。猶天地之易簡而易知易從。豈不大哉。仁齋此言。眞理學者流之言哉。大氏世所謂道學先生。岸其幘呻吟。以求程子所謂意味氣象者。如此言豈不鑿乎。殊不知子貢所惡惡似是而非者。亦與孔子惡鄉原鄭聲利口同焉。但孔子所惡惡害政敗俗者。所關係者大焉。是仁也。子貢所惡惡亂德者。所關係者小焉。是知也。知勇直皆美德。徼不孫訐以亂之。然比諸孔子所惡者。無害政敗俗之事。此孔子子貢所以殊已。仁齋不知而爲之解。可醜之甚。且自不知其不善者。是無意爲不善。聖人豈惡之乎。

子曰唯女子與小人爲難養也近之則不孫遠之則

怨

古註無

新此小人亦謂僕隷下人也君子之於臣妾莊以涖之慈以畜之則無二者之患矣

古義待士君子者交之以忠信接之以禮義務在盡己而已矣唯女子陰質小人陰類不可近之亦不可遠之苟失其所以御之之方則家道或自此壞焉故戒之

徵女子與小人爲難養也小人細民也女子以形事人者也細民以力事人者也皆其志不在義故近之則不孫遠之則怨

子曰年四十而見惡焉其終也已

古鄭玄曰年在不惑而爲人所惡終無善行

新 四十成德之時見惡於人則止於此而已勉人及時遷善改過也蘇氏曰此亦有爲而言不知其爲誰也

古義 朱氏曰四十成德之時見惡於人則止於此而已勉人及時遷善改過也〇孟子曰可欲之謂善詩曰在彼無惡在此無射其爲人可欲而不可惡者必君子也可惡而不可欲者必小人也鄉人皆惡之猶有可言者至於無往而不見惡則其無善狀可知矣

徵 無
說

論語徵集覽卷之十七終

論語徵集覽卷之十八

魏　何晏　集解

宋　朱熹　集註

大日本　藤維楨　古義

物茂卿　徵

從四位侍從源賴寬　輯

微子第十八

【新】此篇多記聖賢之出處

微子去之箕子爲之奴比干諫而死孔子曰殷有三仁焉

【古】馬融曰微箕二國名子爵也微子紂之庶兄箕子比干紂之諸父微子見紂無道早去之箕子佯狂爲奴比干以諫見殺」仁者愛人三人行異而同稱仁以其俱在憂亂寧民

【新】微箕二國名子爵也微子紂庶兄箕子比干紂諸父微子見紂無道去之以存宗祀箕子比干皆諫紂殺比干囚箕子以爲奴箕子因佯狂而受辱」三人之行不同而同出於至誠惻怛之意故不咈乎愛之理而有以全其心之德也楊氏曰此三人者各得其本心故同謂之仁

【古義】微箕二國名子爵也微子紂之庶兄箕子比干紂之諸父微子見紂無道早去之箕子佯狂爲奴比干以諫見殺」三子皆忠君憂國不爲身嫌故皆謂之仁」仁實德也故至誠而不偏至正而不偏皆自慈愛惻怛之心而發三仁當去而去當爲奴而奴當死而死皆出於至誠惻怛之心而有痛哭流涕之意但去則似於忘君爲奴則似於辱身故夫子原其志而總斷之曰殷有三仁蓋爲微子箕子暴白其精誠也猶孟子所謂禹稷顔回同道之意且就此觀之則知爲仁者或遠或近不可以一

而拘焉

徵 殷有三仁。何晏曰。仁者愛人。三人行異而同稱仁。以其俱在憂亂寧民。朱子曰。同出於至誠惻怛之意。故不咈乎愛之理。而有以全其心之德也。仁齋曰。三子皆忠君憂國。不爲身嫌。故皆謂之仁。又曰。仁實德也。故至誠而不僞。至正而不偏。皆自慈愛惻怛之心而發。三仁當去而去。當爲奴而爲奴。當死而死。皆出於至誠惻怛之心。而有痛哭流涕之意。但去則似於忘君。爲奴則似於辱身。故夫子原其心而總斷之曰。殷有三仁。蓋爲微子箕子暴白其精誠也。猶孟子所謂禹稷顏回同道之意。愚按。三子之行。其詳不可得而聞焉。在孔子時。必有傳其蹟之詳者。故孔子知其爲仁而斷之云爾。後世朱子仁齋之徒。皆各以己所見以定所謂仁者。而推言三子之心必合諸己所見者。以解孔子爲仁之意焉。是以其說皆雖可聽。吾未知其果合孔子稱仁之意乎否也。朱子所謂至誠惻怛。仁齋所謂至誠而不僞。至正而不偏。此皆吾所謂各以己所見者也。幸三子之行。其詳不可得而聞焉。則朱子仁齋之說。人不能斥其非是也。然律諸管仲而其說窮矣。故知何晏之說優於二家也。且如仁齋之說。止可謂之忠耳。大氐道學者流。率皆以知道自任。競言古聖賢心中之微。典籍所不載者。豈可不謂之鑿乎。今且據仁字之義。參以論語之文。比干之死。必在微子去箕子爲奴之後也。其所諫必在用微子箕子之言。而先是微子箕子亦必告紂以保宗社安天下之事耳。夫有安天下之心而又有安天下之功。謂之仁。管仲是也。有安天下之心而無安天下之功。不得謂之仁。有安天下之功而無安天下之心。莫有此事焉。如三子者。有安天下之心而無安天下之功。雖無安天下之功。然使紂從其言。則亦足以安天下。故謂之仁。今之可言者止於是焉。

柳下惠爲士師三黜人曰子未可以去乎曰直道而事人焉往而不三黜枉道而事人何必去父母之邦

【古】孔安國曰士師典獄之官」孔安國曰苟直道以事人所至之國俱當復三黜

【新】士師獄官黜退也柳下惠三黜不去而其辭氣雍容如此可謂和矣然其不能枉道之意則有確乎其不可拔者是則所謂必以其道而不自失焉者也○胡氏曰此必有孔子斷之之言而亡之矣

【古義】士師獄官黜退也」此承上章類而記之胡氏曰此必有孔子斷之之言而亡之矣」此蓋夫子稱柳下惠之仁也夫直道則當去不去則當枉道柳下惠三黜不去而終不失其正又有戀戀於父母

之國之意非仁者不能也

徵 柳下惠。孔子未嘗以仁稱之。其在論語。以逸民見稱。曰言中倫行中慮。此知者事也。孟子以不恭目之。亦知者事也。仁齋味其言。以爲非仁人不能言矣。是但以其氣象優游不迫而已。可謂不知仁而強爲知之者也。且古所謂知者。其知必於仁。是以肖於仁。

齊景公待孔子曰。若季氏則吾不能。以季孟之閒待之曰。吾老矣不能用也。孔子行

古 孔安國曰。魯三卿季氏爲上卿最貴。孟氏爲下卿不用事。言待之以二者之間。以聖道難成故云

吾老不能用

新 魯三卿季氏最貴孟氏爲下卿孔子去之事見世家然此言必非面語孔子蓋自以告其臣而孔子聞之爾○程子曰季氏强臣君待之之禮極隆然非所以待孔子也以季孟之間待之則禮亦至矣然復曰吾老矣不能用也故孔子去之蓋不繫待之輕重特以不用而去爾

古義 魯三卿季氏最貴孟氏爲下卿孔子言吾年老力衰不能用季孟之事而遂行○愚謂景公旣曰以季孟之間待之而不可遽又曰吾老矣不能用也故徼夫子不對衛靈公問陳而行之例以此語爲夫子之言○按舊說據史記世家以此爲魯昭公二十五年之事此時孔子年三十五名位未顯想無景公以季孟待之之理恐佗日之事齊景公欲以季孟之間待孔子猶齊王欲授孟子室養弟子以萬鍾之類也季孟皆魯之强臣景公遽欲以此待孔子其禮固隆然非待孔子之道此夫子之所以行也

徵曰吾老矣不能用也。古來以爲景公言。而仁齋乃謂孔子言。下文有孔子行。則曰之爲景公曰。豈不然乎。昧乎辭而好奇。秖貽人笑耳。

齊人歸女樂季桓子受之三日不朝孔子行

古孔安國曰桓子季孫斯也使定公受齊之女樂君臣相與觀之廢朝禮三日

新季桓子魯大夫名斯按史記定公十四年孔子爲魯司寇攝行相事齊人懼歸女樂以沮之尹氏曰受女樂而怠於政事如此其簡賢棄禮不足與有爲可知矣夫子所以行也所謂見幾而作不俟終日者與○范氏曰此篇記仁賢之出處而折衷以聖人之行所以明中庸之道也

古義季桓子魯大夫名斯按史記定公十四年孔子爲司寇攝行相事齊人懼歸女樂以沮之前記三仁柳下惠之出處而折衷以聖人之行夫聖賢之事出處進退雖並行而不相悖然中庸爲至矣

此夫子之所以獨度越于群聖也」論曰按史記世家齊人歸女樂以沮之季桓子受之郊又不致膰俎於大夫孔子行今據孟子曰孔子爲魯司寇不用從而祭燔肉不至不稅冕而行而無齊人歸女樂三日不朝等事竊疑歸女樂與不致膰本非一時之事史遷合二事以係定公十四年下者非也莊周書亦言孔子再逐於魯益可證矣

孟子告子篇

徵 齊人歸女樂。仁齋先生曰。按史記世家。齊人歸女樂以沮之。季桓子受之。郊又不致膰俎於大夫。孔子行。今據孟子曰。孔子爲魯司寇不用。從而祭。膰肉不至。不稅冕而行。而無齊人歸女樂三日不朝等事。竊疑歸女樂與不致膰。本非一時之事。史遷合二事以係定公十四年下者非也。莊周書亦言孔子再逐於魯。益可証矣。此說亦可備一說。

楚狂接輿歌而過孔子曰鳳兮鳳兮何德之衰往者不可諫來者猶可追已而已而今之從政者殆而孔子下欲與之言趨而辟之不得與之言

古 孔安國曰接輿楚人佯狂而來歌欲以感切孔子。孔安國曰比孔子於鳳鳥鳳鳥待聖君乃見非孔子周行求合故曰衰。孔安國曰已往所行不可復諫。孔安國曰自今已來可追自止辟亂隱居。孔安國曰已而已而者言世亂已甚不可復治也再言之者傷之深也。包氏曰下下車

新 而接輿楚人佯狂辟世夫子時將適楚故接輿歌而過其車前也鳳有道則見無道則隱接輿以比孔子而譏其不能隱爲德衰也來者可追言及今尚可隱去已止也而語助辭殆危也接輿蓋知尊孔子而趣不同者也。孔子下車蓋欲告之以出處之意接輿自以爲是故不欲聞而辟之也

古義 接輿楚人佯狂不仕時孔子適楚故接輿歌而過其車前下文乃其歌詞也」知孔子有聖德故以鳳比之但鳳有道則見無道則隱故接輿譏其不能隱以爲德衰也」言已往所行者不可復諫止自今已來猶可追而自止勸孔子避亂隱居也」已止也而語助辭殆危也」下下車也孔子蓋欲爲接輿言斯人之徒與而不可絕物離世獨善其身也」輔氏廣曰觀接輿之言旣比之以鳳而又疑其衰既幸其或止而又慮其殆語意慇懃諄復是誠知尊聖人者矣然其所趨則在絕人逃世專以遠害全身而已其與聖人之心不啻如冰炭黑白之不同也

徵 孔子欲見楚王蓋聖人之過也接輿過而歌其辭若譏而實所以喻孔子也門人錄之見聖人之多助也後世詩學不傳遂以爲實譏孔子夫比孔子以鳳豈譏之者乎孔子欲與之言朱註蓋欲告

漆雕開事見公冶長篇

之以出處之意。其意以爲孔子欲使接輿知出處之道邪。古之人各行其意。孔子不能强之漆雕開。何況接輿乎。以爲孔子欲暴己之意邪。天下之人豈可人人而懇乎。可謂謬已。孔子之欲與之言。亦知其爲佯狂而欲與之言也。接輿之趨而辟。遂其狂態也。所以遂狂態者。不欲使人覺其爲佯狂也。接輿必是姓名。或云姓陸名通。接孔子之輿而歌之。妄哉。

長沮桀溺耦而耕孔子過之使子路問津焉長沮曰夫執輿者爲誰子路曰爲孔丘曰是魯孔丘與曰是

也曰是知津矣問於桀溺桀溺曰子爲誰曰爲仲由曰是魯孔丘之徒與對曰然曰滔滔者天下皆是也而誰以易之且而與其從辟人之士也豈若從辟世之士哉耰而不輟子路行以告夫子憮然曰鳥獸不可與同羣吾非斯人之徒與而誰與天下有道丘不與易也

古 鄭玄曰長沮桀溺隱者也耜廣五寸二耜爲耦津濟渡處馬融曰言數周流自知津處孔安國曰滔滔周流之貌言當今天下治亂同空舍此適彼故曰誰以易之士有辟人之法有辟世之法長沮桀溺謂孔子爲士從辟人之法己之爲士則從辟世之法鄭玄曰耰覆種也輟止也覆種不止不以津告爲其不達己意而便非己也孔安國曰隱於山林是同羣孔安國曰吾自當與此天下人同羣

安能去人從鳥獸居乎」言凡天下有道者丘皆不與易也已大而人小故也

【新】二人隱者耦竝耕也時孔子自楚反乎蔡津濟渡處」執輿執轡在車也蓋本子路御而執轡今下問津故夫子代之也知津言數周流自知津處」滔滔流而不反之意以猶與也言天下皆亂將誰與變易之而汝也辟人謂孔子辟世桀溺自謂耰覆種也亦不告以津處」憮然猶悵然惜其不喻己意也言所當與同羣者斯人而已豈可絶人逃世以爲潔哉天下若已平治則我無用變易之正爲天下無道故欲以道易之耳○程子曰聖人不敢有忘天下之心故其言如此也張子曰聖人之仁不以無道必天下而棄之也

【古義】二人隱者耦竝耕也時孔子自楚反乎蔡津濟渡處」執輿執轡在車也初子路御而執轡今下問津故夫子代之也知津言數周流自知津處」朱氏曰滔滔流而不反之意以猶與也言天下皆亂將誰與變易之而汝也辟人謂孔子辟世桀溺自謂耰覆種也亦不告以津處」朱氏曰憮然猶悵然

惜其不喩己意也言所當與同羣者斯人而已豈可爲絕人離世自逃山野以獨潔其身哉」天下有道猶曰人之有道也言天下自有君臣有父子有夫婦吾以斯人而治斯人而已何用變易爲」論曰桀溺欲變易天下聖人不欲變易天下欲變易天下者是以己之道強天下也不欲變易天下者是以天下治天下也蓋天下以人而立不能去人而獨立故聖人樂以天下憂以天下未嘗避天下而獨潔其身如長沮桀溺之流固非通乎天下達乎萬世之道也夫佛氏以寂滅爲教老氏以虛無爲道思以易天下然到今二千有餘歲佛氏未嘗能滅天下之君臣父子夫婦而老氏亦未嘗能復太古之無爲於是益知吾夫子之教大中至正貫徹古今不可以復加也又曰斯民也三代之所以直道而行也又曰以人治人改而止聖人之不絕物憤世也若此唐魏徵曰五帝三王不易民而化蓋得此意

徵 滔滔者天下皆是也。而誰以易之。言天下人君。

莫有可與有爲者。而欲輔何人以變易天下也。以不必訓與。訓與亦同義。辟人之人。本指人君。可見天下皆是。亦指人君也。學者多言天下之人皆無道者。非孔子時語意矣、耰而不輟。升庵曰。賈勰曰。古曰耰。今曰勞、勞郎到切。說文。耰摩田器。諺云。耕而不勞、不如作暴。此說與舊說不同。吾非斯人之徒與而誰與。亦指人君。天下有道。丘不與易。亦謂若使天下人君皆有道。則丘何必欲輔之變易風俗哉。朱註盡之矣。仁齋乃曰。桀溺欲變易天下。聖人不欲變易天下。又曰。天下有道、猶曰人之有道也言天下自有君臣有父子有夫婦吾以斯人而治斯人而已何用變易爲可謂昧乎辭已凡諸書天下有道邦有道無道皆以人君言之而所謂道皆先王之道且移風易俗莫善於樂聖人何嘗不欲變易也仁齋之言一如未嘗讀書者何其曰天下自有道者本諸中庸道不遠人而中庸亦指先王之道而言吁好奇之失一至于斯歟按蔡邕石經孔丘與下無曰是也三字耰下無而子路下無行夫子作孔子憮作撫

子路從而後遇丈人以杖荷蓧子路問曰子見夫子

乎丈人曰四體不勤五穀不分孰爲夫子植其杖而芸子路拱而立止子路宿殺雞爲黍而食之見其二子焉明日子路行以告子曰隱者也使子路反見之至則行矣子路曰不仕無義長幼之節不可廢也君臣之義如之何其廢之欲潔其身而亂大倫君子之仕也行其義也道之不行已知之矣

古 包氏曰丈人老者也蓧竹器名」包氏曰丈人云不勤勞四體不分殖五穀誰爲夫子而索之邪」孔安國曰植倚也除草曰芸」未知所以答」孔安國曰子路反至其家丈人出行不在」鄭玄曰留言以語丈人之二子」孔安國曰言女知父子相養不可廢反可廢君臣之義邪」包氏曰倫道理也」包氏曰言君子之仕所以行君臣之義不必自己道得行孔子道不見用自已知之

新 丈人亦隱者蓧竹器分辨也五穀不分猶言不辨菽麥爾責其不事農業而從師遠遊也植立之也芸去草也」知其隱者敬之也」孔子使子路反見之蓋欲告之以君臣之義而丈人意子路必將復來故先去之以滅其跡亦接輿之意也」子路述夫子之意如此蓋丈人之接子路甚倨而子路益恭丈人因見其二子焉則於長幼之節固知其不可廢矣故因其所明以曉之倫序也人之大倫有五父子有親君臣有義夫婦有別長幼有序朋友有信是也仕所以行君臣之義故雖知道之不行而不可廢然謂之義則事之可否身之去就亦自有不可苟者是以雖不潔身以亂倫亦非忘義以徇祿也福州有國初時寫本路下有反子二字以此爲子路反而夫子言之也未知是否○范氏曰隱者爲高故往而不返仕者爲通故溺而不止不與鳥獸同羣則決性命之情以饕富貴此二者皆惑也是以依乎中庸者爲難惟聖人不廢君臣之義而必以其正所以或出或處而終不離於道也

古義 丈人亦隱者蓧竹器」朱氏曰分辨也五穀不分猶言不辨菽麥責其不事農業而從師遠遊也」

植倚立也芸除草也」知其隱者敬之也」丈人亦知子路非常人故其待之甚懇」孔氏曰子路反至其家丈人出行不在」孔氏曰丈人既不在留言以語丈人之二子令其父還則述之此下之言皆夫子之意」隱者潔其身以廢大倫故識其無義」子路見其二子自有兄弟之分則固既知長幼之節不可廢也因明君臣之義其不可廢亦如此」倫理也大倫者謂父子有親君臣有義夫婦有別長幼有序明友有信也行其義謂仕以達其道也」黄氏榦曰列接輿以下三章於孔子行之後以明夫子雖不合而去然亦未嘗恝然忘世所以爲聖人之出處論曰隱者以不仕爲義聖人以仕爲義蓋義者天下之大路也舍之則不可以一日行焉君子之仕也非以干祿也將以達其道於天下也聖人豈可止而不止者乎若以此時而止焉則是無義也故曰道之不行已知之矣後世儒者之論義也蓋亦隱者之見焉耳

徵 四體不勤。五穀不分。孰爲夫子。朱註責其不事農業而從師遠遊也。失之。蓋言四體不勤五穀不分者。皆爲夫子。子以何人稱夫子也。子路曰。鄭玄曰。留言以語丈人二子。朱註因之。而又曰福州有國初時寫本。路下有反子二字。以此爲子路反而夫子言之也。未知是否。竊疑孔子使子路述其意。何必然也。福本似是。按蔡邕石經。植作置。古字通用耳。

逸民伯夷叔齊虞仲夷逸朱張柳下惠少連子曰不降其志不辱其身伯夷叔齊與謂柳下惠少連降志辱身矣言中倫行中慮其斯而已矣謂虞仲夷逸隱

居放言身中清廢中權我則異於是無可無不可

古 逸民者節行超逸者包氏曰此七人皆逸民之賢者」鄭玄曰言其直己之心不入庸君之朝」孔安國曰但能言應倫理行應思慮如此而已」包氏曰放置也不復言世務」馬融曰清純潔也遭世亂自廢棄以免患合於權也」馬融曰亦不必進亦不必退唯義所在

新 逸遺逸民者無位之稱虞仲即仲雍與泰伯同竄荆蠻者夷逸朱張不見經傳少連東夷人」柳下惠事見上倫義理之次第也慮思慮也中慮言有意義合人心少連事不可考然記稱其善居喪三日不怠三月不解朞悲哀三年憂則行之中慮亦可見矣仲雍居吳斷髮文身裸以為飾隱居獨善合乎道之清放言自廢合乎道之權」孟子曰孔子可以仕則仕可以止則止可以久則久可以速則速所謂無可無不可也○謝氏曰七人隱遯不汙則同其立心造行則異伯夷叔齊天子不得臣諸侯不得友蓋已遯世離羣矣下聖人一等此其最高與柳下惠少連雖降志而不枉己雖辱身而不

求合其心有不屑也故言能中倫行能中慮虞仲夷逸隱居放言則言不合先王之法者多矣然清而不汙也權而適宜也與方外之士害義傷教而亂大倫者殊科是以均謂之逸民尹氏曰七人各守其一節而孔子則無可無不可此所以常適其可而異於逸民之徒也揚雄曰觀乎聖人則見賢人是以孟子語夷惠亦必以孔子斷之

古義 逸遺逸民者無位之稱按虞仲夷逸不見經傳荀子書有子弓或曰即朱張之字少連東夷人見檀弓或以虞仲爲泰伯弟仲雍然泰伯死仲雍繼其位則不可謂之逸民且生在於伯夷之前則夫子不可列之於叔齊之下也恐别是一人」陳氏櫟曰非其君不事不降志可見不立惡人之朝不辱身可見」慮思慮也中慮言意義合人心」朱氏曰隱居獨善合乎道之清放言自廢合乎道之權」言七子各有可有不可非絶世離俗則必和光同塵皆不可行故夫子言此以斷之」無可無不可者義之盡而道之全也學苟不至乎此者必可則無不可不可則無可唯聖人仕止久速各適其義而無

或謂邢疏王弼

謂荀子非十二子篇

詩正月小雅祈父之什

可不可之可言也

徵虞仲。朱註以爲太伯弟。仁齋先生以泰伯死仲雍繼立。又生於伯夷之前。而疑其稱逸民列諸叔齊之下爲是。朱張。或謂荀卿所謂子弓。非矣。荀卿以孔子子弓並稱而爲聖人。則爲仲弓也。非朱張也。言中倫。行中慮。蓋其言行暗合聖人之倫慮也。倫字見詩正月。曰。謂天蓋高。不敢不局。謂地蓋厚。不敢不蹐。維號斯言。有倫有脊。樂記曰。樂者通倫理者也。又曰。論倫無患。樂之情也。又曰。樂行而倫清。是必古言。未審何謂。朱子乃曰。倫。義理之次第

書舜典曰無相奪倫

中庸曰小德川流大德敦化

也。如此解書，豈有不可解者乎。可謂胡說已。竊意如不相奪倫，是樂有倫，蓋絲以絲終始，竹以竹終始，匏以匏終始，歌以歌終始，各有條理而不紊，是倫也。如人有五倫，蓋父子有父子之道，君臣有君臣之道，夫婦有夫婦之道，不可得而同，是所謂倫也。道不可一槩論矣，有通於一切者，又有不通於一切者。如可則仕，不可則去，是君子之大義通於天下者也。如柳下惠之言，乃非君子之大義焉。然先王之道亦有若是者焉，辟諸小德之川流，豈是之謂邪。又曰慮，思慮也。中慮言有意義合人心，亦

孟子盡心篇

孟子曰萬章篇

未足以稱柳下惠少連矣蓋處者委曲以行不以直遂也古聖人之行亦必有時乎有之如孔子之於陽貨是也柳下惠不直義以行乃委曲以合乎道者亦暗合於古聖人之處也其斯而已矣言自此之外別無可稱者也孟子以柳下惠爲聖人其過可知已虞仲夷逸隱居放言則其言莫有可取者矣但其所以隱居者在潔其身是合於古聖人之道故曰身中清孟子曰聖人之行不同也或遠或近或去或不去歸潔其身而已矣可見潔身者亦古聖人之一德也唯潔身而已矣言行皆無可

觀故不曰行而曰身然其所以廢絶若是者亦合於聖人之權故曰廢中權我則異於是者此時孔子隱居不仕故引諸逸民而明其所以異也無可無不可者朱註引孟子非也孟子曰可以仕則仕可以止則止可以久則久可以速則速此孟子以孔子對伯夷伊尹一出一隱言之言其不拘一端也而其所謂可字以義之可否言之豈可以解此章乎又如聖之時者也亦謂溥博淵泉而時出之皆非此章之意矣此章之意伯夷已下七人皆道不可行而隱矣孔子則異於此焉道大德宏故在

孟子曰公孫丑篇

聖之時孟子萬章篇

溥博淵泉而時出之見中庸

晨門曰憲問篇

孔子曰先進篇

孔子。則無道不可行之世也。故孔子之仕。非必以道可行也。其隱亦非必不可行也。晨門曰。知其不可而爲之者。與孔子曰。大臣者以道事君。不可則止。凡此不可。皆以道不可行言之。與此章可不可同義。學者察諸。按蔡邕石經其斯而已矣。作其所已乎。則已以同言惠以之也。

大師摯適齊。亞飯干適楚。三飯繚適蔡。四飯缺適秦。鼓方叔入於河。播鼗武入於漢。少師陽擊磬襄入於海。

古 孔安國曰。亞次也。次飯樂師也。摯干皆名。包氏曰。三飯四飯樂章名。各異師。繚缺皆名。包氏曰。鼓

擊鼓者方叔名入謂居其河內也孔安國曰播搖也武名也孔安國曰魯哀公時禮壞樂崩樂人皆去陽襄皆名

新 大師魯樂官之長摯其名也亞飯以下以樂侑食之官干繚缺皆名也鼓擊鼓者方叔名河河內播搖也鼗小鼓兩旁有耳持其柄而搖之則旁耳還自擊武名也漢漢中少師樂官之佐陽襄二人名襄即孔子所從學琴者海海嶋也〇此記賢人之隱遁以附前章然未必夫子之言也末章放此張子曰周衰樂廢夫子自衛反魯一嘗治之其後伶人賤工識樂之正及魯益衰三桓僭妄自大師以下皆知散之四方逾河蹈海以去亂聖人俄頃之助功化如此如有用我期月而可豈虛語哉

古義 大師魯樂官之長摯其名也亞次也亞飯以下以樂侑食之官干繚缺皆名也班固曰王者平旦食晝食晡食暮食凡四飯諸侯三飯大夫再飯魯蓋宜三飯鼓擊鼓者方叔其名河河內播搖也鼗小鼓兩旁有耳持其柄而搖之則旁耳還自擊武名也漢漢中少師樂官之佐陽襄二人名海海

升庵外集經説

鄭謂賈疏共見有司徹

嶋也」朱氏曰此記賢人之隱遁以附前章然未必夫子之言也末章放此○當時世亂道湮賢者不得志非隱于抱關擊柝則逃于伶官樂工若簡兮之詩是已若大師摯以下諸人散之四方者蓋以斯時雖魯國亦不可仕非專尚淫哇之聲而正樂不行故也

徹 亞飯三飯四飯升庵引白虎通而謂王有平旦食晝食哺食暮食殊不知亞飯之亞如亞獻之亞每食皆有亞飯三飯四飯而升庵以四食配四飯可謂謬矣特牲饋食禮曰尸三飯告飽者三合爲九故鄭玄謂士九飯大夫十一飯其餘有十三飯十五飯賈疏謂諸侯十三飯天子十五飯則士之祭有亞飯三飯而大夫以上當有四飯今有亞飯

而無初飯則知初飯不須侑也。亞飯三飯四飯爲祭奏樂侑尸食之官者審矣。

周公謂魯公曰君子不施其親不使大臣怨乎不以故舊無大故則不棄也無求備於一人

【古】孔安國曰魯公周公之子伯禽封於魯」孔安國曰施易也不以佗人親易己之親」孔安國曰以用也怨不見聽用」孔安國曰大故謂惡逆之事

【新】施陸氏本作弛福本同○魯公周公子伯禽也弛遺棄也以用也大臣非其人則去之在其位則不可不用大故謂惡逆李氏曰四者皆君子之事忠厚之至也○胡氏曰此伯禽受封之國周公訓戒之辭魯人傳誦久而不忘也其或夫子嘗與門弟子言之歟

【古義】魯公周公子伯禽也施陸氏本作弛遺棄也以用也大臣非其人則去之在其位則不可不用也

大故謂惡逆也此章四者皆君子之事忠厚之至也胡氏曰此伯禽受封之國周公訓戒之辭魯人傳誦久而不忘也其或夫子嘗與門弟子言之歟

徵 周公謂魯公曰君子不施其親孔安國曰施易也不以他人之親易己之親未穩韓愈筆解施當作弛朱註曰陸氏本作弛福本同今且從之祇其解曰弛遺棄也非矣韓愈曰不弛慢爲是不使大臣怨乎不以孔安國曰以用也

周有八士伯達伯适仲突仲忽叔夜叔夏季隨季騧

古 包氏曰周時四乳得八子皆爲顯仕故記之爾

新 或曰成王時人或曰宣王時人蓋一母四乳而生八子也然不可考矣○張子曰記善人之多也

升庵文集史類
外集經說

〇愚按此篇孔子於三仁逸民師摯八士旣皆稱贊而品列之於接輿沮溺丈人又每有惓惓接引之意皆衰世之志也其所感者深矣在陳之嘆蓋亦如此三仁則無間然矣其餘數君子者亦皆一世之高士若使得聞聖人之道以裁其所過而勉其所不及則其所立豈止於此而已哉

【古義】包氏曰周時四乳生八子皆爲顯仕故記之爾四乳生八子其事甚異恐不可信只是言當時人物之盛耳陳氏櫟曰記魯末賢人之隱遯而終以周盛時賢人之衆多其有傷今思古之心乎

【徵】周有八士包咸曰周時四乳生八子皆爲顯仕故記之爾邢昺曰鄭玄以爲成王時劉向馬融以爲宣王時升庵引汲冢周書克殷解乃命南宮忽振鹿臺之財乃命南宮百達史佚遷九鼎三巫疑南宮忽卽仲忽南宮百達卽伯達也尚書有南宮

邦君之妻季氏篇
色斯舉矣鄉黨篇

括。疑即伯适也。則八士皆南宮氏也。以爲成王時人。近之。張橫渠曰。記善人之多也。是或然矣。蓋與殷有三仁同辭。然是於論語無干。意者古人偶得古人一二言欲記之。乃記諸論語篇末空處。如此篇周公以下。及邦君之妻章。色斯舉矣章是也。後人尊其師傳。故併傳之耳。四乳生八子。亦以伯伯仲仲叔叔季季相並云爾。然世亦有是事。豈足怪乎。且今俗惡雙生。必殺其一。原諸人情。雖古亦然。觀於此。則其風少弭邪。君子之所以貴博物也。

論語徵集覽卷之十八終

論語徵集覽卷之十九

魏　何晏　集解
宋　朱熹　集註
大日本　藤維楨　古義
物茂卿　徵
從四位侍從源賴寬　輯

子張第十九

【新】此篇皆記弟子之言而子夏爲多子貢次之蓋孔門自顏子以下穎悟莫若子貢自曾子以下篤實無若子夏故特記之詳焉

子張曰士見危致命見得思義祭思敬喪思哀其可

已矣

古 孔安國曰致命不愛其身

新 致命謂委致其命猶言授命也四者立身之大節一有不至則餘無足觀故言士能如此則庶乎其可矣

古義 朱氏曰致命謂委致其命猶言授命也」見危致命則不苟偷生見得思義則有所不爲喪祭哀敬則守身之本立矣其行如此足以爲士故曰可已矣然上而爲君爲相亦不止於此

徵 見得思義祭思敬喪思哀皆謂思而求之也如之何而當合於義如之何而當合於敬如之何而當合於哀是思也義也者先王之義也敬也者先王之敬也哀也者先王之哀也後儒短見思作念

述而篇曰據於德

頭解。義敬哀皆取諸臆。非孔門之意矣。

子張曰執德不弘信道不篤焉能爲有焉能爲亡

古 孔安國曰言無所輕重

新 有所得而守之太狹則德孤有所聞而信之不篤則道廢焉能爲有亡猶言不足爲輕重

古義 弘寬廣也篤厚也亡無也焉能爲有亡猶言若存若亡德在於執然不弘則徒爲狷介之士道在於信然不篤則必爲塗說之流故執德而必弘信道而必篤則可以爲君子矣若否則其始雖若有得然道德終不爲己有亦必亡而已矣

徵 執德不弘。德者性之德也。弘者謂養而大之也。人各異德。性所近焉。貴乎執而不失。故曰據。又貴修而崇之。故曰弘。信道之篤。德之所以弘也。然道

在彼而德在我故析言之

子夏之門人問交於子張子張曰子夏云何對曰子夏曰可者與之其不可者拒之子張曰異乎吾所聞君子尊賢而容衆嘉善而矜不能我之大賢與於人何所不容我之不賢與人將拒我如之何其拒人也

【古】孔安國曰問與人交接之道」包氏曰友交當如子夏汎交當如子張

【新】子夏之言迫狹子張譏之是也但其所言亦有過高之弊蓋大賢雖無所不容然大故亦所當絕不賢固不可以拒人然損友亦所當遠學者不可不察

【古義】蓋子夏之門人有疑於子夏之言故質之於子張」此子張舉所聞于夫子之言也」子張承夫子之意而述之如此」尊賢則道立嘉善則學進而亦能容衆則不棄人矜不能則能濟物此聖門之法

泛愛衆學而篇

言學者之所當盡心而受用也或曰此與無友不如己者之言相反如何彼蓋謂好友之者非曰彼求于我而我必拒之也況尊賢則自與小人遠嘉善則又不與不善相近不必拒之亦不待拒之也子夏之所言固雖擇交之道而子張之言實傳聖人之意者也本非謂大故不當絶損友不當遠也讀者不以辭害意可也

徵 嘉善而矜不能善對不能指人之有善行者言之善猶能也仁齋曰嘉善則學進似指善惡之善非矣尊賢而容衆是大綱容衆之中又能嘉善而矜不能已蓋子張之言與泛愛衆而親仁合朱註議其過高非矣仁齋先生非之是矣大氏論語記諸子問答者皆答者爲是記者之意爾包咸曰友

交當如子夏，汎交當如子張。孰謂新註勝舊註也。如朱子以大故當絶，損友當遠議之。可謂吹毛求疵已。必以此心求之。孔子之言亦有失於偏者。故君子學貴博。惡執一而廢百。豈子張之失哉。讀者之失也。

子夏曰：雖小道，必有可觀者焉，致遠恐泥，是以君子不爲也。

古 小道謂異端。包氏曰：泥難不通。

新 小道，如農圃醫卜之屬。泥，不通也。○楊氏曰：百家衆技，猶耳目鼻口，皆有所明而不能相通，非無可觀也，致遠則泥矣，故君子不爲也。

古義 小道如諸子百家之屬是也泥不通也此言小道多便于事且見效速故俗士庸輩多悅爲之然致之於遠則泥而不通故雖有可觀者君子不爲也

徵 雖小道必有可觀者焉。朱註小道。如農圃醫卜之屬。得之。何晏以爲異端。仁齋因之。然諸子百家。子夏之時所無。雖然。當今之世。諸子百家。應作如是觀。雖佛老必有可觀者焉。

子夏曰日知其所亡月無忘其所能可謂好學也已矣

古 孔安國曰日知其所未聞

新 亡無也謂己之所未有〇尹氏曰好學者日新而不失

【古義】亡無也。謂已之所未有。學進則日知其所亡。必有加於前也。德立則月無忘其所能。亦不失其初也。日知其所亡。學而不厭者能焉。月無忘其所能。內自省者能焉。既知己之所亡。又無忘其所能。日思月省。常存於胸中。則其進不可量焉。天下之能事畢矣。○論曰。天下之美莫大於知學。天下之善莫大於好學。而聰明才辨不與焉。人而不知學。則不可以爲君。不可以爲臣。不可以爲父。不可以爲子。至於夫婦昆弟朋友之倫。皆不得其所。故聖人以好學爲人之美稱。而其於顏子不稱其穎悟。而稱其好學。則可見好學之善。天下蔑以加焉。

【徵】日知其所亡。月無忘其所能。孔安國曰。日知其所未聞。邢昺曰。亡無也。後儒因之。然一章之內。不容亡無兩用。故亡者失也。日知其所亡失者而後能月無忘其所能。曰日者。言其自省之亟也。曰月者。要其成之辭。孔子曰。温故而知新。以教人者言之。子夏祗以學者言之。故語温故而不及知新也。後儒求之深也。必欲一言而兼盡焉。其失率爾。

子夏曰博學而篤志切問而近思仁在其中矣

【古】孔安國曰廣學而厚識之切問者切問於己所學而未悟之事近思者近思己所未能及之事汎問所未學遠思所未達則於所習者不精於所思者不解

【新】四者皆學問思辨之事耳未及乎力行而爲仁也然從事於此則心不外馳而所存自熟故曰仁在其中矣程子曰博學而篤志切問而近思何以言仁在其中矣學者要思得之了此便是徹上徹下之道又曰學不博則不能守約志不篤則不能力行切問近思在己者則仁在其中矣又曰近思者以類而推蘇氏曰博學而志不篤則大而無成泛問遠思則勞而無功

古義 博學則求之也精篤志則信之也實切問則無泛然之患近思則無馳遠之弊學能如此則雖不足以謂之仁而爲事不苟必實之於身故曰仁在其中矣

徵 博學而篤志孔安國曰廣學而厚識之是訓志爲記蓋志先而學後今先學於志故云爾朱註殊失其序不可從矣切問何晏曰切問於已所學未悟之事未見切字之義近思何晏曰思已所未能及之事非矣程子曰切問近思在已者亦非矣蓋切問如切磋之切謂逼切出之也不憤不啓不悱不發古之教法也故師之答於弟子不盡言之使思而自得之是以弟子之於師苟有所未喻則以

不憤不啓述而篇

宰我井仁雍也篇　子貢爲衛君之問述而篇　管仲之器八佾篇　舜察邇言中庸　是亦爲政爲政篇

言語左右逼切。以觀其意嚮所在。如宰我井仁子貢爲衛君之問皆然。又如孔子曰。管仲之器小哉。則或問以儉以知禮。豈不然乎。及於後世。師聒其言語。欲弟子之遽信。而古之教法泯焉。朱子又不得切磋之解。古言遂不可考耳。近思謂不忽近而思之也。如舜察邇言。意師之所答。或似卑近者。亦當思之而不忽也。仁在其中矣。如孔子是亦爲政之意。子夏此時不仕。從孔子而學焉。所學皆先王安民之道。故其自言如是。仁與學殊。然士之所以行仁於世者。必由學而得之。故曰仁在其中矣。後儒不知仁。故其解皆失之。夫博學而篤志。則先王之道可舉也。切問而近思。則其所以求藏諸身者至矣。孔子曰。我欲仁斯仁至。亦此意。

孔子曰述而篇

子夏曰百工居肆以成其事君子學以致其道

【古】包氏曰言百工處其肆則事成猶君子學以致其道

【新】肆謂官府造作之處致極也工不居肆則遷於異物而業不精君子不學則奪於外誘而志不篤尹氏曰學所以致其道也百工居肆必務成其事君子之於學可不知所務哉愚按二說相須其義始備

【古義】肆謂官府造作之處致極也居肆成事百工之事也學以致道君子之業也人各有其業君子豈可不知所務哉

何有於我哉同上

徵百工居肆以成其事君子學以致其道言不用其力也亦孔子何有於我哉意學者詩書禮樂以學先王之道也致者使先王之道自然來集也百工之居肆自不知其技之所以巧者焉君子之學亦然亦自不知其道之集于我焉主意在百工不可不居肆君子不可不學也朱子以致爲極昧乎字義矣亦以不奪於外誘當知所務爲說抑亦末已

子夏曰小人之過也必文

古孔安國曰文飾其過不言其情實

新文飾之也小人憚於改過而不憚於自欺故必文以重其過

古義子夏所以言此者蓋欲人以此自考也夫君子之心誠故不自恥其過而以不能改爲深恥小人之心僞故恐人斥言其過而必自文之不知其愈飾愈露不可得而掩也故君子終於無過而小人則至過大而不可救也弗思焉耳

徵小人之過也必文小人本謂細民也細民之過可得而文以其在鄉黨閭巷之間人孰知之也君子本在位之稱顯顯君子邦家之望其過如日月之食過則人皆知之故君子之過不可得而文之日月亦有食之君子何必無過改則衆皆仰之故改之爲貴雖在上位其猶爲小人也必文其過以

其心如細民也。雖在下位。其能爲君子也。過則改之。以其學先王之道以成長民之德也。是亦操心大小之分存焉。後儒不知是義。以誠僞論。抑亦末也已。

子夏曰君子有三變望之儼然即之也温聽其言也厲

古 鄭玄曰厲嚴正

新 儼然者貌之莊温者色之和厲者辭之確○程子曰他人儼然則不温温則不厲惟孔子全之謝氏曰此非有意於變蓋竝行而不相悖也如良玉温潤而栗然

古義 朱氏曰儼然者貌之莊温者色之和厲者辭之確」望之儼然禮之存也即之也温仁之著也其

言也厲義之發也蓋盛德之至光輝之著自是如此謝氏曰此非有意於變蓋並行而不相悖如良玉溫潤而栗然

徵 仁齋先生曰望之儼然禮之存也卽之也溫仁之著也其言也厲義之發也蓋盛德之至光輝之著自是如此有味乎其言之雖然何啻盛德之人獨然哉君子體仁履禮而由義在上者皆當如此學道者亦皆當如此程子曰惟孔子全之謝氏曰此非有意於變蓋並行而不相悖也此皆宋儒之失在不知聖人焉吁是未足以爲聖人也古之賢者皆爾

子夏曰君子信而後勞其民未信則以爲厲己也信而後諫未信則以爲謗己也

古 王肅曰厲猶病也

新 信謂誠意惻怛而人信之也厲猶病也事上使下皆必誠意交孚而後可以有爲

古義 厲猶病也信孚於使民諫君之前則諫必行令必從自無咈其志之患若否則使民而民以爲厲己諫君而君以爲謗己事豈得成乎故君子誠之爲貴也〇甚哉子夏之言似夫子也設使此章首冒子曰二字孰復辨之凡門人之語載于論語者皆不可不崇信而佩服焉

徵 子夏曰君子信而後勞其民未信則以爲厲己也信而後諫未信則以爲謗己也此孔子大車無輗小車無軏意叚使孟子知是義則好辯之失不

若是其甚也。已後世惟浮屠尚能窺是意。其言曰。佛法大海。信爲能入。

子夏曰大德不踰閑小德出入可也

古 孔安國曰閑猶法也孔安國曰小德則不能不踰法故曰出入可

新 大德小德猶言大節小節閑闌也所以止物之出入言人能先立乎其大者則小節雖或未盡合理亦無害也○吳氏曰此章之言不能無弊學者詳之

古義 大德者若君臣之義父子之親是也小德者謂言行信果之類閑闌也所以止物之出入○此言大德固當不踰閑至於小德則非或出或入時措之宜不可也蓋惡夫必信必果之小人也孟子曰大人言不必信行不必果惟義之所在是也

徵 孔安國曰。閑猶法也。小德則不能不踰法。故曰

晏子雜篇

出入可。古時人善解古語如此。晏子春秋。以此爲晏子之言。大德小德作大者小者。蓋古語。晏子誦之。子夏亦誦之。蓋古者以德爲教。事父曰孝。事兄曰弟之類。大德也。如色容厲肅。視容清明。是小德也。皆以在己者爲教。是所謂德也。君子先立大者。

有子曰學而篇

故專力於大德。有子曰。君子務本者。亦此意。若欲必盡夫小者。則有時乎失其大者。故曰出入可也。所以曰不能不踰閑者。則非盛德之士不能也。古之君子。務其大者若是。是可以觀孔門之學也。宋儒之不識大者也。惟精是求。故以此章爲有弊已。

言必信行必果
子路篇

仁齋又曰至於小德則非或出或入時措之宜不可也蓋惡夫必信必果之小人也依舊亦宋人之見哉且言必信行必果孔子謂之小人哉耳亦未嘗惡之也且小德何嘗信果哉

子游曰子夏之門人小子當灑掃應對進退則可矣抑末也本之則無如之何子夏聞之曰噫言游過矣君子之道孰先傳焉孰後倦焉譬諸艸木區以別矣君子之道焉可誣也有始有卒者其唯聖人乎

古 包氏曰言子夏弟子但當對賓客修威儀禮節之事則可然此但是人之末事耳不可無其本故云本之則無如之何孔安國曰噫心不平之聲包氏曰言先傳業者必先厭倦故我門人先教以小

事後將教以大道」馬融曰言大道與小道殊異譬
如艸木異類區別言學當以次」馬融曰君子之道
焉可使誣言我門人但能灑掃而
已」孔安國曰終始如一唯聖人耳
新子游譏子夏弟子於威儀容節之閒則可矣然
此小學之末耳推其本如大學正心誠意之事則
無有」倦如誨人不倦之倦區猶類也言君子之道
非以其末爲先而傳之非以其本爲後而倦教但
學者所至自有淺深如艸木之有大小其類固有
別矣若不量其淺深不問其生熟而槩以高且遠
者强而語之則是誣之而已君子之道豈可如此
若夫始終本末一以貫之則惟聖人爲然豈可責
之門人小子乎(一)程子曰君子教人有序先傳以
小者近者而後教以大者遠者非先傳以近小而
後不教以遠大也又曰灑掃應對便是形而上者
理無大小故也故君子唯在謹獨又曰聖人之道
更無精粗從灑掃應對與精義入神貫通只一理
雖灑掃應對唯看所以然如何又曰凡物有本末
不可分本末爲兩段事灑掃應對是其然必有所
以然又曰自灑掃應對上便可到聖人事愚按程

子第一條說此章文意最爲詳盡其後四條皆以明精粗本末其分雖殊而理則一學者當循序而漸進不可厭末而求本蓋與第一條之意實相表裏非謂末卽是本但學其末而本便在此也

古義 子游見子夏之門人專務人事之末而於道德之本則無之以爲有隱而然故譏之也」倦朱氏曰如誨人不倦之倦言君子之教初無定法各隨其材而施之非以其末而先傳之以其本爲後而倦之若我之門人當教以灑掃應對進退之節耳非隱之也」區域也古者園圃毓草木各分區域種藝之汜勝之爲區種法是也草木區別言其明也書曰賁如草木是也言君子之道照晰明白不可得而掩藏豈可隱之以誣罔門人小子乎」有始有卒謂本末俱舉而兩端竭盡也此聖人之事豈可以此律門人小子乎」聖人之道猶草木之區別不可得而誣罔也然道」無先後之可別而人有賢否之不同故教之有方造之有時不可漫爾而施善乎子夏之教人也隨學者所至之淺深誨之而不敢以其所不能强之也故在學者亦有所據以無淩虚之失有所親以無厭倦之患日引月長而不

自知其進也」論曰集註譏子游之不知有小學之敍然游夏同學于孔門子夏獨知有小學之敍而子游不知之乎觀子夏曰君子之道焉可誣也蓋子游疑其有所隱而譏之也

徵本之則無言求其本則莫有也本者謂先王治天下國家之道也先王之立道其意本求以安天下後世故也後儒以性命之奧爲本非孔門諸子之意矣孰先傳焉孰後倦焉包咸曰言先傳業者必先厭倦邪昺曰君子教人之道先傳業者必先厭倦誰有先傳而後倦者乎子夏言我之意恐門人聞大道而厭倦故先教以小事朱子曰非以其末爲先而傳之非以其本爲後而倦教但學者所

至自有淺深是包邢失乎孰字朱子昧乎倦字皆不可從矣蓋言君子之道何者當先傳之何者當後傳之何者彼所先倦何者彼所後倦傳之所以有先後者以彼之能堪與不堪也所堪者後倦所不堪者先倦必量其所能堪而教之人有敏不敏道有淺深譬諸草木區以別矣區朱子訓類非矣

升庵外集經說

升庵外集蘇子由云如瓜疇芋區之區仁齋曰區域也古者園圃毓草木各分區域種藝之氾勝之爲區種法是也草木區別言其明也書曰賁若草木是說得之蓋其次第等級炳如丹青也焉可誣

書曰湯誥

學而不倦述而篇

扣兩端而竭之子罕篇

也言以不堪爲堪教以其大者俾門人小子肆言其大者則是誣人也君子之道安可如此乎上言君子之道量其人教之此言君子之道不誣人二君子之道意自不同也有始有卒者謂不倦也學而不倦孔子所自道故曰其惟聖人乎言其不可以望門人小子也朱子以始終本末一以貫之爲說仁齋以本末俱舉兩端竭盡爲說皆不得其解者耳夫扣兩端而竭之孔子所以告鄙夫也是豈難事而常人所不能哉此章朱子以爲大小學之序大小學自其所見耳孔子時豈有之乎仁齋乃

言子游疑其有所隱而識之而以焉可誣也爲君子之道昭晰明白不可得而掩藏是亦昧乎誣字之義矣誣豈掩藏之義乎蓋子游之意以子夏之倦於教規之耳故子夏答以弟子之不堪而倦焉可以見已

子夏曰仕而優則學學而優則仕

【古】馬融曰行有餘力則以學文

【新】優有餘力也仕與學理同而事異故當其事者必先有以盡其事而後可及其餘然仕而學則所以資其仕者益深學而仕則所以驗其學者益廣

【古義】優饒也謂有餘也此言仕與學本無二致學以致其道仕以行其志故仕而能裕其事則雖未

必學然不違乎學之理學而能及乎人則雖未必仕亦不戾於仕之道可知雖學而仕然若不稱其職則與不學同夫子曰書云孝乎惟孝友于兄弟施于有政是亦爲政此學而優則仕也子夏曰雖曰未學吾必謂之學矣此仕而優則學也

徵 仕而優則學學而優則仕朱註盡之矣優有餘力也言仕而官成雖有曹事亦所優爲是有餘力可以學焉學而業成雖有未成者亦非歲月之可能卒則可以仕焉仁齋乃引是亦爲政而曰仕不必學學不必仕眞亂道哉

子游曰喪致乎哀而止

古 孔安國曰毀不滅性

【新】致極其哀不尚文飾也楊氏曰喪與其易也寧戚不若禮不足而哀有餘之意愚按而止二字亦微有過於高遠而簡略細微之弊學者詳之

【古義】致推而極之也此戒時俗居喪者哀不足而專務文也即喪與其易也寧戚喪與其哀不足而禮有餘不若禮不足而哀有餘之意聖門之學尚實如此

【徵】喪致乎哀而止孔安國曰毁不滅性古人之解經簡而能盡誠非後人所及哉蓋子游說聖人制喪禮之意止云者聖人之心至於其致哀而止不必過求其它也凡致字之義皆謂使其自然至此之極也非我推而極之也如喪禮皆所以使人子之哀情自然來至聖人之心是爲極處不過求它

故曰止。朱子昧乎喪字致字。故以行喪之人言之。以推極言之。又以子游爲簡略細微之弊。不亦謬乎。

子游曰吾友張也爲難能也然而未仁曾子曰堂堂乎張也難與並爲仁矣

古 包氏曰言子張容儀之難及」鄭玄曰言子張容儀盛而於仁道薄也

新 子張行過高而少誠實惻怛之意」堂堂容貌之盛言其務外自高不可輔而爲仁亦不能有以輔人之仁也○范氏曰子張外有餘而內不足故門人皆不與其爲仁子曰剛毅木訥近仁寧外不足而內有餘庶可以爲仁矣

古義 爲難能美其不可及也然而未仁不與其仁也」堂堂容貌之盛」務外自高者內必不誠故曾子

謂其不能有輔人之仁亦不可資其仁而輔之也其稱堂堂者惜之也非贊之也子張之行子游言其難能曾子稱其堂堂皆褒之辭然而二子皆不與其仁是知制行之高易爲而道德之實則難其人也夫窮經之人易遇知道之人難遇知道之人易得有德之人難得非知道之人則難與存義非有德之人則難與並爲仁矣此二子之所以不與子張也後世儒者因二子之言漫議子張者過矣

徵 子張才識高朗能勉强爲難及之行而其於仁也未能成德故曰難能也其未仁也猶如仲弓之未仁也後世據子游之言以輕詆子張非也蓋子張之難能也亦子貢廬冢上六年之類耳朱子以爲少誠實惻怛之意夫有誠實惻怛之意烏足以

公治長篇或曰雍也仁而不佞子曰云云不知其仁焉用佞

子貢廬冢史記孔子世家

後漢田鳳題柱事見三輔決錄

曾子畏子路見孟子公孫丑篇

爲仁乎堂堂乎張亦謂其威儀之盛規模開廓有難及者也如堂堂乎張京兆田郎亦言威儀之盛荀子曰第作其冠神禫其辭禹行而舜趨者子張氏之賤儒也是識末流焉由流求乎源則子張可知已難與並爲仁矣者言使已與子張隣國以行仁政則必出其下焉亦見曾子所畏不啻子路也未仁與爲仁不同義觀於孔子答諸子問仁唯顏淵子張以天下言之可見其才大已然孔子未嘗規以篤實忠厚之事則亦其非不足於此者審矣宋儒動求諸心故以威儀爲粗迹遂謂子張專用

師也辟先進篇

苟不至德中庸

君子哉若人公冶長篇

心于外所以未仁也遂訓師也辟爲便辟夫威儀之盛豈便辟哉中庸曰齊明盛服非禮不動所以脩身也是其在九經之首豈非爲仁之本乎子張之堂堂豈病乎大氐後儒昧乎爲仁字義所以差也古時師之教弟子弟子之所從事皆各以其性所能焉然後世道學先生則各立門戶設宗旨以已所見強之孔門諸賢何其自高之甚以至奪夫孔子之權也噫仁齋又論此章之義曰知道之人易得有德之人難得殊不知苟不至德至道不凝豈非知道之難非孔子不足以當之邪君子哉若

人。亦足以爲有德之人也已。

曾子曰吾聞諸夫子人未有自致者也必也親喪乎

【古】馬融曰言人雖未能自致盡於佗事至於親喪必自致盡

【新】致盡其極也蓋人之眞情所不能自已者。尹氏曰親喪固所自盡也於此不用其誠惡乎用其誠

【古義】致盡其極也至哀之情不待人言人固無所不至然至於親喪則無不自盡焉可見人性之善不可誣焉而人之不可以不自勉也於是而忽焉則不可以爲人也曾子引夫子之言而稱之所以深警也

【徵】人未有自致者也。言人於它事。皆假禮而後誠至焉敬至焉。若必求其能自致者。則親喪而已。是

獨雖不假先王之禮。尚可能使已之哀情自然來至也。

曾子曰吾聞諸夫子孟莊子之孝也其佗可能也其不改父之臣與父之政是難能也

【古】馬融曰孟莊子魯大夫仲孫速也謂在諒闇之中父臣及父政雖有不善者不忍改也

【新】孟莊子魯大夫名速其父獻子名蔑獻子有賢德而莊子能用其臣守其政故其佗孝行雖有可稱而皆不若此事之爲難

【古義】孟莊子魯大夫名速其父獻子名蔑言莊子事獻子飲食供奉無所不盡其心然不若不改父道之孝尤爲大且盡也獻子魯之賢大夫其用才立政固多可觀者而莊子皆能遵守而不改焉夫子言其佗孝行有人之所不能者然而皆不若此事之最爲難能也夫孝者善繼人之志善述人之

事者也父有善政良法而爲之子者不能奉行或輒變更之以狥其所好者世每有之今莊子不改父之臣與父之政則非惟不辱先德且可以光祖業豈其佗孝行所可能比哉而後世史氏傳孝子者專取奇行難能者稱之抑末矣

【徵】孟莊子之孝也。仁齋先生據中庸以繼述爲孝之至。可謂善解論語已。然又據此而以三年不改於父之道。必爲父之善者。泥矣。獻子魯之賢大夫。則仁齋先生之解此章。爲得之。然必以父之善言之。則安知仁齋先生之言。不爲世之嗣主喜改父之臣與父之政者口實哉。學而篇所載。父在觀其志。父沒觀其行。古言也。三年無改於父之道。可謂孝矣。亦古言也。孔子並引古言。示學貴博。貴不固也。君子之不執一而廢百也。一則言彼。一則言此。並觀則道生於其間焉。古之學爲爾。

孟氏使陽膚爲士師。問於曾子。曾子曰。上失其道。民散久矣。如得其情。則哀矜而勿喜。

【古】包氏曰。陽膚。曾子弟子。士師。典獄之官。馬融曰。民之離散爲輕漂犯法。乃上之所爲。非民之過。當哀矜之。勿自喜能得其情。

【新】陽膚。曾子弟子。民散。謂情義乖離。不相維繫。謝氏曰。民之散也。以使之無道。教之無素。故其犯法也。非迫於不得已。則陷於不知也。故得其情。則哀矜而勿喜。

【古義】陽膚。曾子弟子。○朱氏曰。民散。謂情義乖離。不相維繫。情謂情實。○凡民之善惡。皆上之所使。故古之聖王尤謹其所導焉蓋導民之要在先使民各得其所故先王之治民必先使其有恒産而申之以孝悌之義若此而犯法上猶有欽恤之意況養之無制教之無法此上先失其道也及其犯罪從而刑之是上罔民也固哀矜之不暇豈可喜之哉

【徵】如得其情則哀矜而勿喜聽訟之道本然也情謂獄情也朱子曰情實未是喜者喜得其情也獄情難得故得之則喜是聽訟者之常也故孔子不貴聽訟曾子曰上失其道民散久矣此曾子特言此以深警陽膚者已惟刑之恤哉雖盛世亦然

顔淵篇子曰聽訟吾猶人也

惟刑之恤哉尚書舜典

子貢曰紂之不善不如是之甚也是以君子惡居下流天下之惡皆歸焉

古 孔安國曰紂爲不善以喪天下後世憎甚之皆以天下之惡歸之於紂

新 下流地形卑下之處衆流之所歸喻人身有汙賤之實亦惡名之所聚也子貢言此欲人常自警省不可一置其身於不善之地非謂紂本無罪而虛被惡名也

古義 下流謂地形卑下衆流之所歸言人若有汙賤之行則惡名歸之亦猶如此言紂固不善然不如後世所稱之甚也苟人一置身于不善之地則自爲衆惡之叢可不愼哉是以君子好處高明而惡居下流也

徵 君子惡居下流謂紂之爲逋逃藪也衆惡人歸紂而紂受之其所自爲惡雖不甚而衆惡人所爲惡皆紂之惡也故曰天下之惡皆歸焉舊註皆不得其解

子貢曰君子之過也如日月之食焉過也人皆見之更也人皆仰之

【古】孔安國曰更改也

新註無

【古義】君子之心至誠故雖微過人皆見之猶日月之體至明故雖纖翳天下見之言明白易見亦不掩蔽之也而其爲過也必無所不改而及乎其改之也人益仰慕之也小人反之子貢以日月之蝕喻君子之過其旨深矣

【徵】君子之過也如日月之食焉以在上者言之君子之德民所具瞻是謂之明德故其過也不可得而掩焉是子貢之意也有德之人在上之器也故

亦謂之君子故有德望者其過也亦猶若是焉後世註家皆得其旁意耳

衛公孫朝問於子貢曰仲尼焉學子貢曰文武之道未墜地在人賢者識其大者不賢者識其小者莫不有文武之道焉夫子焉不學而亦何常師之有

【古】馬融曰公孫朝衛大夫」孔安國曰文武之道未墜落於地賢與不賢各有所識夫子無所不從學孔安國曰無所不從學故無常師

【新】公孫朝衛大夫」文武之道謂文王武王之謨訓功烈與凡周之禮樂文章皆是也在人言人有能記之者識記也

【古義】公孫朝衛大夫焉猶安也」文武之道謂文王武王治天下之大經大法也不曰堯舜而曰文武

文武之政布在方策中書

者以去代猶近而典刑具在也未墜於地猶曰極天罔墜識記也識大識小猶所謂仁者見之謂之仁智者見之謂之智之類也子貢言夫子從賢者學其大者從不賢者學其小者初無常師有道則取焉蓋謂聖人道廣德大好學而不已也論曰夫聖人之道天地之常經古今之通義猶日月星辰之繫于天而萬古不墜也有智者皆可知有志者皆可行雖夫婦之愚不肖莫不與知能行焉此所以爲聖人之道也故曰莫不有文武之道焉廣矣大哉若夫後儒所謂道統傳云者本倣佛氏所傳宗派圖而所造皆私道者而非天地公共之道故道統圖者君子不取焉

徵 文武之道未墜於地在人獻足徵也文武之政布在方策文足徵也賢者所見大故能識其大者不賢者所見小故能識其小者文武之道禮樂也禮樂不言在默而識之故賢不賢異其識古之道

所謂仁者云云
易繫辭

也。識謂能名言之也。如識人知人之分。朱子識音志不必爾。賢不賢皆識之。故莫不有文武之道焉。賢不賢皆可師。故孔子何常師之有。仁齋曰。聖人之道。天地之常經。古今之通義。猶日月星辰之繫于天而萬古不墜也。有智者皆可知。有志者皆可行。雖夫婦之愚不肖。莫不與知能行焉。此所以爲聖人之道也。故曰莫不有文武之道焉。又曰文武之道。謂文王武王治天下之大經大法也。不曰堯舜而曰文武者。以去代猶近而典刑具在也。未墜於地。猶曰極天罔墜。識大識小。猶所謂仁者見之謂之仁。智者見之謂之智之類也。此等之言。皆失之粗。已彼專以講說爲學。而不識古聖人所謂學焉。誤讀中庸。以爲親義別序信。盡乎道也。殊不知子貢所謂學者。謂學禮也。道者。謂禮樂也。識大者識小者。亦謂禮之大者小者也。文武之道未墜於地者。謂周禮樂未亾也。若以極天罔墜爲未墜於地者。則子貢之不長於說辭也。夫文武者。周先王也。孔子爲周臣子也。故曰爲東周也。如所謂去代猶近。而典刑具在者。則孔子之於展禽臧文仲。或是可。已安可以稱之於文武乎。親義別序信。達道也豈可以盡於道乎。子思作中庸與外人爭也。豈可移其意以解論語哉。

叔孫武叔語大夫於朝曰子貢賢於仲尼子服景伯以告子貢子貢曰譬之宮牆賜之牆也及肩闚見室家之好夫子之牆數仞不得其門而入不見宗廟之美百官之富得其門者或寡矣夫子之云不亦宜乎

古 馬融曰魯大夫叔孫州仇武謚」包氏曰七尺曰仞」包氏曰夫子謂武叔

新 武叔魯大夫名州仇」牆卑室淺」七尺曰仞不入其門則不見其中之所有言牆高而宮廣也」此夫子指武叔

古義 武叔魯大夫叔孫州仇武叔其謚」牆卑宮淺七尺曰仞言牆高而宮廣故不得其門而入則不

得見其中之所有夫子武叔也言得其門者猶少焉則入于其室之難宜矣人之於道造詣淺者人皆可得而知焉造詣甚深則非其人不能以知焉故曰聖人能知聖人也故子貢於武叔之言不非之而宜之蓋以言聖人之難知也

徵 不得其門而入。不見宗廟之美百官之富誠哉是言。七經具存千載學者不知聖人之道。亦不得其門而入故耳。近世諸老先生多以孟子解論語。亦未知孟子與外人爭者也。豈足以解門內之言乎。其解經皆以理而不以道。可謂不見宗廟之美百官之富已。其專心四書而忽略六經。亦坐是故耳。按蔡邕石經譬之作譬諸。

叔孫武叔毀仲尼子貢曰無以爲也仲尼不可毀也他人之賢者丘陵也猶可踰也仲尼日月也無得而踰焉人雖欲自絶其何傷於日月乎多見其不知量也

古言人雖欲自絶棄於日月其何能傷之乎適足自見其不知量也

新無以爲猶言無用爲此土高曰丘大阜曰陵日月喻其至高自絶謂以謗毀自絶於孔子多與祇同適也不知量謂不自知其分量

古義無以爲猶言無用爲此土高曰丘大阜曰陵日月喻其至高自絶謂謗毀以自絶于孔子何傷於日月言無損於日月之明也多與祇同適也不知量謂不自知其分量其智愈深則知聖人愈深其學愈至則尊聖人愈至如孔子之喪子貢廬於冢上六年可謂知聖人之愈深而尊聖人之愈至

者也。

【徵】仲尼日月也。觀於子貢此言。則知孔子末年。魯人尊親孔子。不啻君父也。不爾。弟子而譬其師日月也。人孰信之。人不信而言之。豈足以解其惑乎。則子貢之不善於說辭也。連前後三章。子貢贊孔子者至矣。故以此終之。

多見其不知量也。何註以適足自見其不知量也。邢昺疏據此註。意似訓多爲適。所以多得爲適者。古人多祇同音。多見其不知量。猶襄二十九年左傳云多見疏也。服虔本作祇見疏。解云祇適也。晉

宋杜本皆作多張衡西京賦云炙炮夥清酤多皇恩溥洪德施施輿多爲韻此類衆矣故以多爲適

升庵外集經説

升庵曰周易無祇悔荀九家作多亦一証

陳子禽謂子貢曰子爲恭也仲尼豈賢於子乎子貢曰君子一言以爲知一言以爲不知言不可不愼也夫子之不可及也猶天之不可階而升也夫子之得邦家者所謂立之斯立道之斯行綏之斯來動之斯和其生也榮其死也哀如之何其可及也

古 孔安國曰謂爲諸侯若卿大夫孔安國曰綏安也言孔子爲政其立教則無不立道之則莫不興行安之則遠者來至動之則莫不和睦故能生則榮顯死則哀痛

新 爲恭謂爲恭敬推遜其師也責子禽不謹言階梯也大可爲也化不可爲也故曰不可階而升也立之謂植其生也道引也謂教之也行從也綏安也來歸附也動謂鼓舞之也和所謂於變時雍言其感應之妙神速如此榮謂莫不尊親哀則如喪考妣程子曰此聖人之神化上下與天地同流者也○謝氏曰觀子貢稱聖人語乃知晚年進德蓋極於高遠也夫子之得邦家者其鼓舞羣動捷於桴鼓影響人雖見其變化而莫窺其所以變化也蓋不離於聖而有不可知者存焉聖而進於不可知之之神矣此殆難以思勉及也

古義 朱氏曰爲恭謂爲恭敬推遜其師也子貢責子禽之易言也階梯也朱氏曰大可爲也化不可爲也故曰不可階而升也立謂植其生所謂制其田里是也道引也謂導之以德行從也綏安也來歸附也動謂鼓舞之也和猶言丕應徯志此皆言聖人感應之妙至神速也榮極其尊親哀極其思慕言人之恭敬服從無所不至也謝氏曰觀子貢稱聖人語乃知晚年進德蓋極其高遠也夫子之

得邦家者其鼓舞群動捷於桴鼓影響人雖見其變化而莫窺其所以變化也黄氏榦曰天之德不可形容即其生物而見其造化之玅聖人之德不可形容即其感人而見其神化之速天下之理實大則聲宏本深則末茂感動之淺深遲速未有不視其德之所至者聖人道全德備高明博厚則其感於物者如此因其感於物以反觀聖人德豈不曉然而易見哉

徵無說

論語徵集覽卷之十九終

論語徵集覽卷之二十

魏　何晏　集解

宋　朱熹　集註

大日本　藤維楨　古義

物茂卿　徵

從四位侍從源賴寬　輯

堯曰第二十

堯曰咨爾舜天之曆數在爾躬允執其中四海困窮天祿永終舜亦以命禹

古 曆數謂列次也」包氏曰允信也困極也永長也言爲政信執其中則能窮極四海天祿所以長終」

孔安國曰舜亦以堯命己之辭命禹

【新】此堯命舜而禪以帝位之辭咨嗟歎聲曆數帝王相繼之次第猶歲時氣節之先後也允信也中者無過不及之名四海之人困窮則君祿亦永絕矣戒之也舜後遜位於禹亦以此辭命之今見於虞書大禹謨比此加詳

【古義】咨嗟歎聲曆數者紀歲時節氣以授民時者也在爾躬謂財成輔相天地之道書所謂天工人其代之是也允信也中者無過不及之名言四海之人困窮則君祿亦永絕矣戒之也此堯命舜而禪以帝位之辭舜後遜位于禹亦以此辭命之上古之聖人有磅礴浩渺過乎中道而不切於人倫無益於天下國家之治者故堯以允執其中命之於舜而舜明於庶物察於人倫由仁義行非行仁義也此舜之所以能承堯之言也論曰古文尚書大禹謨篇亦載此言加以人心道心危微精一等語然見此篇唯曰舜亦以命禹則堯之命舜舜之命禹皆止此二十二字而無危微精一等語可知

書息陶讀

矣按宋明諸儒或疑大禹謨之非眞古文以爲漢儒僞作大抵依倣諸經論孟中語併竊其字句而緣飾之而荀子亦引人心之危道心之微二句稱道經曰而不稱虞書則知此語本非堯舜授受之語明矣蓋唐虞之際其言論平易朴實專在於知人論政之間而無後世心性精微論故知大禹謨篇實出於漢儒之手而堯舜告命之詞止於此二十二字耳矣

徵 天之曆數在爾躬。何晏曰：曆數謂列次也。朱子因之曰：帝王相繼之次第，猶歲時節氣之先後也。仁齋曰：曆數者，紀歲時節氣以授民時者也。在爾躬，謂財成輔相天地之道，書所謂天工人其代之是也。古書誠艱奧，然二說皆如謎，豈有之哉？且仁齋財成輔相之解，亦高妙哉！唐虞時豈有是言乎？

舜典云云見皐陶謨

孔子曰衞靈公篇

蓋古先聖王之道以奉天爲本故堯典無它事唯有欽若昊天授民時耳舜典天叙天秩天工皆稱天以行之義和以天官分主四嶽爲方伯夫唐虞夏之道一矣故左傳呂覽合稱二典三謨爲夏書孔子曰行夏時此在堯舜時其所謂曆數者政治之道盡是焉故孔子所謂夏時不啻指建寅一事已曆數人所作而曰天之曆數亦猶如天叙天秩焉耳四嶽即百揆舜爲百揆日久既已躬任其職故曰在爾躬語已往也允執其中謂踐帝位也古來相傳執無過不及之理非也蓋執中猶云執樞

古訓皇極爲大中是亦漢時自古相傳授之說不可非也古先聖王欽若昊天以臨民上有天下有民而天子立其中間握其樞柄是所謂皇極也故古謂踐帝位爲執其中耳不然子思作中庸書援引具至何不一援堯舜授受之言以爲根本也若從舊解以爲執無過不及之理則上下文勢大不相蒙豈有是理乎四海困窮天祿永終何註憒憒朱子得之堯授舜舜授禹惟奉天儆戒而已孔子告顏淵爲仁唯以脩身可謂先聖後聖其揆一也後儒必欲得一微眇之言如道德仁義者以見孔

荀子解蔽篇曰道經曰人心之危道心之微孟子盡心篇曰盡信書則不如無書云云二故曰尚書大禹謨

子所祖述是自理學者流之見陋矣哉仁齋又據此章及荀子道經之言而以大禹謨危微精一爲漢儒僞作是其人深信孟子坐是故不復留意於書徒以朱子解解書而識之耳蓋民心可畏如朽索之馭六馬故曰人心惟危導民心於其微不於其著庶可以保其治故曰道心惟微精者靜也治天下者務清靜專一不敢輕忽以踐其位故曰惟精惟一允執其中味荀子之文其意亦如此而所謂道經亦夏道篆文相近故誤耳夫荀子儒者也豈援老墨之書邪故尚書所言亦惟儆戒之言其

孟子識子莫見
盡心篇

實與論語所載莫有殊者故曰舜亦以命禹豈如仁齋拘字數者比乎孟子識子莫執中可見中之不可以執言也已

曰予小子履敢用玄牡敢昭告于皇皇后帝有罪不敢赦帝臣不蔽簡在帝心朕躬有罪無以萬方萬方有罪罪在朕躬周有大賚善人是富雖有周親不如仁人百姓有過在予一人謹權量審法度修廢官四方之政行焉興滅國繼絶世舉逸民天下之民歸心焉所重民食喪祭

古 孔安國曰履殷湯名也此伐桀告天之文殷家尚白未變夏禮故用玄牡皇大后君也大大君帝

謂天帝也墨子引湯誓其辭若此」包氏曰順天奉法有罪者不敢擅赦」言桀居帝臣之位罪過不可隱蔽以其簡在天心故也」孔安國曰無以萬方萬方不與也萬方有罪我身之過」周周家賚賜也言周家受天大賜富於善人有亂臣十人是也」孔安國曰親而不賢不忠則誅之管蔡是也仁人箕子微子來則用之」包氏曰權秤也量斗斛」孔安國曰重民國之本也重食民之命也重喪所以盡哀重祭所以致敬

新此引商書湯誥之辭蓋湯既放桀而告諸侯也與書文大同小異曰上當有湯字履蓋湯名用玄牡夏尚黑未變其禮也簡閱也言桀有罪已不敢赦而天下賢人皆上帝之臣已不敢蔽簡在帝心惟帝所命此述其初請命而伐桀之詞也又言君有罪非民所致民有罪實君所爲見其厚於責已薄於責人之意此其告諸侯之辭也」此以下述武王事賚予也武王克商大賚于四海見周書武成篇此言其所富者皆善人也詩序云賚所以錫予善人蓋本於此」此周書泰誓之辭孔氏曰周至也

言紂至親雖多不如周家之多仁人」權稱錘也量斗斛也法度禮樂制度皆是也」興滅繼絶謂封黄帝堯舜夏商之後舉逸民謂釋箕子之囚復商容之位三者皆人心之所欲也」武成曰重民五教惟食喪祭

古義 朱氏曰曰上當有湯字是也履殷湯名殷尚白而用黑牡者未變夏禮故也皇皇大也后君也謂天帝也此言昭告天以伐桀之意」簡閲也有罪指桀帝臣不蔽蓋指伊尹也言天下之善惡已不敢私惟天所簡」以上皆告天之詞無以萬方言勿降災祥於民也」民之有罪實君之所爲罪已而無罪民也◯此語今見古文尚書湯誥篇然墨子書引此以爲湯誓則古文尚書之可疑益可見矣」何氏曰周周家賚賜也言周家受天大賜而富於善人有亂臣十人是也」孔氏曰親而不忠賢則誅之管蔡是也仁人謂箕子微子來則用之」此武王罪已之辭」權稱錘也量斗斛也法度禮樂制度皆是也古者世官子孫相守官廢則事曠故脩之」朱氏曰興滅繼絶謂封黄帝堯舜夏商之後舉逸民謂

釋箕子之因復商容之位三者皆人心之所欲也」
孔氏曰言帝王所重者此四事重民國之本也重
食民之命也重喪所以盡哀重祭所以致敬 以
上言武王之事按武王語今多見武成泰誓等篇
然古文尚書頗多乖謬且先儒亦多致疑故今不
引以爲證」楊氏曰論語之書皆聖人微言而其徒
傳守之以明斯道者也故於終篇具載堯舜咨命
之言湯武誓師之意與夫施諸政事者以明聖學
之所傳者一於是而已所以著明二十篇之大旨
也 堯舜湯武之道不過敬天重民二者而敬天
其本也曰天之曆數在爾躬曰簡在帝心曰周有
大賚皆莫非所以敬天也凡賞善罰惡責己恕人
所以推此心也夫子所以
祖述憲章者不外於此

徵 皇皇后帝孔安國曰皇大后君也大大君帝謂
天帝也朱註不引此故詳焉帝臣古註以爲桀朱
註得之周有大賚善人是富何晏曰言周家受天

大賜○富於善人○有亂臣十人○得之○朱註○所富者皆善人○雖聖世豈有是理乎○雖有周親○不如仁人○朱註○紂至親雖多○不如周家之多仁人○得之○孔安國以誅管蔡用箕微解之○殊爲不得乎辭矣○脩廢官○仁齋以古者世官子孫相守解之○古誠有之○然豈可引之於此乎○且古之世官○亦謂有司耳○春秋譏世官○則公卿大夫不世官○古之道也○

寬則得衆信則民任焉敏則有功公則民說

古 孔安國曰言政教公平則民說矣凡此二帝三王所以治也故傳以示後世

新 此於武王之事無所見恐或泛言帝王之道也

○楊氏曰論語之書皆聖人微言而其徒傳守之

以明斯道者也故於終篇具載堯舜咨命之言湯武誓師之意與夫施諸政事者以明聖學之所傳者一於是而已所以著明二十篇之大旨也孟子於終篇亦歷叙堯舜湯文孔子相承之次皆此意也

古義 公字不見於論語據前篇當作惠字此章舊本通前章合爲一章然於武王之事無見而與前篇子張問仁章略同而逸其半彼有恭則不侮一句而公則說作惠則足以使人疑因下章有子張之問而誤再出歟 論曰宋儒每以公字爲學問之緊要曰天理之公曰公而以人體之是也然公字屢見老莊之書而於吾聖人之書無之何者是而非非少無所偏私謂之公然不擇親疎槩而行之則必有害於義夫父爲子隱子爲父隱越人關弓而射之則已談笑而道之其兄關弓而射之則垂涕泣而道之不可謂公然人情之至道之所存也故聖人仁以盡其愛義以立其辨猶天道之有陰陽地道之有剛柔不可偏廢也故仁而無義則墨子之仁不可行也義而無仁則楊子之義不可

無偏無黨尚書洪範

從也苟居仁由義則不待言公而自無所偏私矣

徵寬則得衆信則民任焉敏則有功公則說仁齋曰此章舊本通前章合爲一章然於武王之事無見而與前篇子張問仁章略同而逸其半彼有恭則不侮一句而公則說作惠則足以使人疑因下章有子張之問而誤再出歟可謂善讀論語已然又烏知其非孔子別有所言而與答子張者相類邪至於其以論語無公字而駁宋儒則懲羹吹虀者比已宋儒所謂天理之公其原誠出老莊之見焉然聖人豈惡公邪無偏無黨皇極之數言也民

民之所好好之大學

之所好好之。民之所惡惡之。豈非公乎。君子之道。

惡執一而廢百。故宋儒拈一公字。與仁齋惡公字。

其失適相同也。

子張問於孔子曰何如斯可以從政矣子曰尊五美

屛四惡斯可以從政矣子張曰何謂五美子曰君子

惠而不費勞而不怨欲而不貪泰而不驕威而不猛

子張曰何謂惠而不費子曰因民之所利而利之斯

不亦惠而不費乎擇其可勞而勞之又誰怨欲仁而

得仁又焉貪君子無衆寡無小大無敢慢斯不亦泰

而不驕乎君子正其衣冠尊其瞻視儼然人望而畏

之斯不亦威而不猛乎子張曰何謂四惡子曰不教而殺謂之虐不戒視成謂之暴慢令致期謂之賊猶之與人也出納之吝謂之有司

古 孔安國曰屏除也王肅曰利民在政無費於財孔安國曰言君子不以寡小而慢也馬融曰不宿戒而責目前成爲視成也孔安國曰與民無信而虛刻期也孔安國曰謂財物俱當與人而吝嗇於出納惜難之此有司之任耳非人君之道

新 虐謂殘酷不仁暴謂卒遽無漸致期刻期也賊者切害之意緩於前而急於後以誤其民而必刑之是賊害之也猶之猶言均之也均之以物與人而於其出納之際乃或吝而不果則是有司之事而非爲政之體所與雖多人亦不懷其惠矣項羽使人有功當封刻印刓忍弗能予卒以取敗亦其驗也○尹氏曰告問政者多矣未有如此之備者也故記之以繼帝王之治則夫子之爲政可知也

古義 孔氏曰屏除也此二者治民之要此三者修身之要修身即治民之本惠易費勞易怨欲易貪泰易驕威易猛而今皆不然故以爲美也虐謂殘酷不仁不豫告戒而督其成功是爲卒暴無漸朱氏曰致期刻期也賊害也猶賊夫人之子之賊也言緩於前而急於後以誤其民是害之也朱氏曰猶之猶言均之也均之以物與人而於其出納之際乃或吝而不果則是有司之事而非爲政之體爲政以仁爲本以不仁爲戒此章雖論說甚長然其要不過此二端不可不察焉

徵 五美仁齋曰惠易費勞易怨欲易貪泰易驕威易猛而今皆不然故以爲美也得之又曰惠而不費勞而不怨二者治民之要欲而不貪泰而不驕威而不猛三者修身之要修身即治民之本亦得之但欲仁而得仁亦治民之要彼不得其解故云

爾欲仁而得仁，卽求仁而得仁。謂求仁人而得之也。凡所求之切，皆可以爲貪，但求賢無貪之失耳。後儒皆以爲仁道，是則學問何待從政而後言之乎。且究其說，亦宋儒一事之仁，古莫有是說，不可從矣。或曰：孔子少許仁，而今曰求仁人而得之，則何仁人之易得也。是則不然，如欲仁而得仁，及答子貢「居是邦也，事其大夫之賢者，友其士之仁者」，皆古語，而孔子誦之，故亦不深拘耳。從政貴得人，故云爾。不戒視成，馬融曰：不宿戒而責目前成，爲視成。蓋不它，是視而唯成是視，故曰視成。或以督

答子貢衛靈公篇

成解之。視豈有督義乎。慢令致期。孔安國曰。與民無信而虛刻期。虛字不可解。朱子曰。致期。刻期也。賊者。切害之意。緩於前而急於後。以誤其民而必刑之。是賊害之也。刻期。約期也。而止言致期。刻期也。則無致字之義。蓋慢者。怠慢也。令者。如三令五申之令。其所以令申之者不勤。而俾民怠於其事。不覺逼期。是有故陷民于刑意。故謂之賊。致者。使至也。謂使民不覺至期也。如不戒視成。則絕無告戒之事。況令申乎。唯視其成耳。是其意爲暴惡。故謂之暴。凡如暴君及桀紂帥民以暴。皆暴惡之義。

其與虐殊者，以其殺之謂之虐，暴不必殺，稍輕於虐耳。朱子以卒遽無漸解之，非矣。

孔子曰：不知命，無以爲君子也；不知禮，無以立也；不知言，無以知人也。

【古】孔安國曰：命謂窮達之分。馬融曰：聽言則别其是非也。

【新】程子曰：知命者，知有命而信之也。人不知命，則見害必避，見利必趨，何以爲君子？不知禮，則耳目無所加，手足無所措。言之得失，可以知人之邪正。○尹氏曰：知斯三者，則君子之事備矣。弟子記此以終篇，得無意乎？學者少而讀之，老而不知一言爲可用，不幾於侮聖言者乎？夫子之罪人也，可不念哉！

【古義】天有必然之理，人有自取之道。故知命則樂而不憂，畏而不息，是所以爲君子也。禮者，身之幹

也故知禮則有以立也言者心之符也故知言則
有以知人也輔氏廣曰知命則在我者有定見知
禮則在我者有定守知言則在人者無遁情知斯
三者則內足成己之德外足盡人之情故君子之
事備矣○尹氏曰弟子記此以終篇得無意乎學
者少而讀之老而不知一言爲可用不幾乎侮聖
言者乎夫子之罪
人也可不念哉

徵不知命無以爲君子也命者道本也受天命而
爲天子爲公卿爲大夫士故其學其政莫非天職
苟不知此不足以爲君子也蓋君子則爲上之德
也以君命爲悅者爲人下者也君子則不然也稟
命於天焉以其所傳先王之道也是其大者而吉
凶禍福不待言也先儒多以吉凶禍福言之抑亦

孟子知言公孫丑篇聽訟已見

未已禮者德之則也故不知禮無以立立者立於道也先王之道其可守以爲則者禮已言者先王之法言也先王之法言猶規矩準繩也夫非規矩準繩何以能知方圓平直哉非此而知亦目巧耳皆取諸其臆者也取諸其臆則人恣其所見有何窮極故知先王之法言而後所知合於道故知人知人者謂知賢者也夫賢者其德行合於先王之道者也故以先王之法言爲之規矩準繩而後可知已孟子知言知它人之言也觀於孔子聽訟吾猶人也則知它人之言聖人亦不敢言吾能之矣

夫聖人所不敢言能之。而孟子能之。豈理乎哉。故
知孟子之非也。先王之法言在詩書。而先王之詩
書禮樂。君子所以學也。上論首學與知命。而下論
又以此終之。是編輯者之意也。王者出征。告諸天
受命于廟。受成于學。還亦獻馘于學。學者聖人之
道所在也。聖人之立道。奉天命以行之。故君子之
道。歸重於天與聖人者。無適不然焉。論語之所以
終始。可以見已。按註疏本此章作孔子曰。朱子本
作子曰。

論語徵集覽卷之二十終

論語古註序

敘曰漢中壘校尉劉向言魯論語二十篇皆孔子弟子記諸善言也太子太傅夏侯勝前將軍蕭望之丞相韋賢及子玄成等傳之齊論語二十二篇其二十篇中章句頗多於魯論瑯琊王卿及膠東庸生昌邑中尉王吉皆以教授之故有魯論有齊論魯共王時嘗欲以孔子宅爲宮壞得古文論語齊論有問王知道多於魯論二篇古論亦無此二篇分堯曰下章子張問以爲一篇有兩子張凡二十一篇篇次不與齊魯論同安昌侯張禹本受魯論兼講齊說善者從之

號曰張侯論爲世所貴包氏周氏章句出焉古論唯博士孔安國爲之訓解而世不傳至順帝時南郡太守馬融亦爲之訓說漢末大司農鄭玄就魯論篇章考之齊古以爲之註近故司空陳羣太常王肅博士周生烈皆爲義說前世傳授師說雖有異同不爲訓解中間爲之訓解至于今多矣所見不同互有得失今集諸家之善說記其姓名有不安者頗爲改易名曰論語集解光祿大夫關內侯臣孫邕光祿大夫臣鄭冲散騎常侍中領軍安鄉亭侯臣曹羲侍中臣荀顗尚書駙馬都尉關內侯臣何晏等上

論語新註序説

史記世家曰孔子名丘字仲尼其先宋人父叔梁紇母顔氏以魯襄公二十二年庚戌之歲十一月庚子生孔子於魯昌平鄉陬邑爲兒嬉戲常陳俎豆設禮容及長爲委吏料量平爲司職吏畜蕃息適周問禮於老子既反而弟子益進昭公二十五年甲申孔子年三十五而昭公奔齊魯亂於是適齊爲高昭子家臣以通乎景公公欲封以尼谿之田晏嬰不可公惑之孔子遂行反乎魯定公元年壬辰孔子年四十三而季氏强僭其臣陽虎作亂專政故孔子不仕而退修詩

書禮樂弟子彌衆九年庚子孔子年五十一公山不狃以費畔季氏召孔子欲往而卒不行定公以孔子爲中都宰一年四方則之遂爲司空又爲大司寇十年辛丑相定公會齊侯于夾谷齊人歸魯侵地十二年癸卯使仲由爲季氏宰墮三都收其甲兵孟氏不肯墮成圍之不克十四年乙巳孔子年五十六攝行相事誅少正卯與聞國政三月魯國大治齊人歸女樂以沮之季桓子受之郊又不致膰俎於大夫孔子行適衞主於子路妻兄顏濁鄒家適陳過匡匡人以爲陽虎而拘之既解還衞主蘧伯玉家見南子去適

宋司馬桓魋欲殺之又去適陳主司城貞子家居三
歲而反于衛靈公不能用晉趙氏家臣佛肸以中牟
畔召孔子孔子欲往亦不果將西見趙簡子至河而
反又主蘧伯玉家靈公問陳不對而行復如陳季桓
子卒遺言謂康子必召孔子其臣止之康子乃召冉
求孔子如蔡及葉楚昭王將以書社地封孔子令尹
子西不可乃止又反乎衛時靈公已卒衛君輒欲得
孔子爲政而冉求爲季氏將與齊戰有功康子乃召
孔子而孔子歸魯實哀公之十一年丁巳而孔子年
六十八矣然魯終不能用孔子孔子亦不求仕乃敘

書傳禮記刪詩正樂序易彖繫象說卦文言弟子蓋三千焉身通六藝者七十二人十四年庚申魯西狩獲麟孔子作春秋明年辛酉子路死於衞十六年壬戌四月己丑孔子卒年七十三葬魯城北泗上弟子皆服心喪三年而去惟子貢廬於冢上凡六年孔子生鯉字伯魚先卒伯魚生伋字子思作中庸

何氏曰魯論語二十篇齊論語別有問王知道凡二十二篇其二十篇中章句頗多於魯論古論出孔子壁中分堯曰下章子張問以爲一篇有兩子張凡二十一篇篇次不與齊魯論同

程子曰論語之書成於有子曾子之門人故其書獨二子以子稱

程子曰讀論語有讀了全然無事者有讀了後其中得一兩句喜者有讀了後知好之者有讀了後直有不知手之舞之足之蹈之者

程子曰今人不會讀書如讀論語未讀時是此等人讀了後又只是此等人便是不曾讀

程子曰頤自十七八讀論語當時已曉文義讀之愈久但覺意味深長

論語古義序

昔者夫子生乎衰周之季，躬天縱之資，立生民之極，祖述前聖，討論墳典，其道之大，德之盛，亘今古而莫之比也。其遺言微旨之託于後者，門人弟子謹而備錄，名曰論語。固經中之一王，百家之權衡也。聖而前乎此者，不經其品章，則萬世無以識其爲聖賢；而後乎此者，不就其折衷，則萬世無以辨其言行事實之爲孰得孰失也。言其大也，則猶天地之囿萬象而品彙，莫不罔羅乎其中；言其近也，則猶布帛菽粟之切于民用，而一日不資則不能以爲人。斯道之蘊奧，學間之階級固具於其中而不待復求之於其外矣自漢而後疏解註述之繁非不精且詳也然徒視以爲平實法語而非鉤玄探賾之至論應酬常談而非統宗會極之要言則雖不能不沿解以泝經亦不可以不原經以審註焉大抵聖人之道務實故其教人每就日用行事之實示之是非得失而未嘗使之求心于一念未萌之先也今且舉其大者二十篇中鉅細畢舉而其要莫仁爲大也後之所謂仁者以寂然不動解覺解愛之理爲仁之體以惻隱之發乎心者爲仁之用而以其著乎行事淳物利人實迹之可見者

爲仁之施於是仁分爲三截而其用功全在乎屏欲
闢邪湛乎瑩乎以復靈覺不昧之初則澤物利人之
功乃其發見而仁之粗者也而質諸先聖之言則所
謂仁也者唯一而已矣而主實故其利澤恩愛之及
物者雖有生熟大小之差皆可以謂之仁而安則爲
仁者利則爲智者假則爲霸者依則爲人違則非人
也所以其用工之方義以配之禮以節之智以明之
或忠或敬或恕能敦其積而後可以爲仁矣而語其
本則孝弟之心乃所謂知能之良而至於仁之基也
若夫至於不動之初未萌之際則聖人固無其說矣

推之百行莫不皆然昔吾先人夙志聖學衽席經典服膺遺訓唯信夫子之爲曠古一人之聖此書之爲曠古無上之經晝誦宵繹參究訓傳恍然自得始覺後世之學與古人異齒未強仕已艸此解杜門卻掃日授生徒不復知世有聲利榮華之可羨改竄補緝向五十霜稿凡五易白首紛如蕲傳聖訓于後昆託微志于汗青瑣義末說時有出入則蓋亦不暇校矣胤也不肖夙受其分數奉以周旋不敢失隊徒知讀父書而欲傳之同志爰命鋟梓以垂不朽云京兆伊藤長胤謹敘

論語古義總論

宋邢氏昺曰按藝文志曰論語者孔子應答弟子時人及弟子相與言而接聞於夫子之語也當時弟子各有所記夫子既卒門人相與輯而論纂故謂之論語漢興傳者有三家魯論語者魯人所傳即今所行篇次是也齊論語者齊人所傳别有問王知道二篇凡二十二篇其二十篇中章句頗多於魯論古論語者出自孔子壁中凡二十一篇有兩子張篇次不與齊魯論同孔安國爲傳後漢馬融亦註之張禹受魯論于夏侯建又從庸生王吉受齊論擇善而從號曰

張侯論後漢包咸周氏竝爲章句列於學官鄭玄就魯論張包周之篇章考之齊古爲之註焉魏吏部尚書何晏集諸儒之說竝下已意爲集解正始中上之盛行于世

維楨按鄭氏曰論語仲弓子游子夏等撰定程子曰論語之書成於有子曾子之門人故其書獨二子以子稱愚以謂此特謂撰夫子之語而已至諸子之語未必盡然蓋論語一書記者非一手成者非一時何者除有子曾子外閔子冉子亦以子稱而諸子之語曾子最居多子貢子夏次之學而一篇三載有子之

語而子張篇多記子張之言則知夫子之語皆成於游夏等所撰而諸子之語則各出于其門人之所記然要之編論語者亦游夏之儔而已曾南豐曰記二典者皋夔之徒卽此意而自宋興以來說論語者蓋數百家然而多出其意見淆以佛老之說則不可據以爲信唯漢儒之說猶爲近古蓋不失傳受之意故此書出入註疏者爲多而於諸家之說獨取其所長并加裁定其意味血脉則竊附臆見云

又曰論語二十篇相傳分上下猶後世所謂正續集之類乎葢編論語者先錄前十篇自相傳習而又次

後十篇以補前所遺者故今合爲二十篇云何以言之盖觀鄉黨一篇要當在第二十篇而今嵌在中間則知前十篇旣自爲成書且詳其書若曾點言志子路問正名季氏伐顓臾諸章一段甚長及六言六蔽君子有九思三戒益者三友損者三友等語皆前十篇所無者其議論體製亦自不與前相似故知後十篇乃補前所遺者也

綱領

程子曰讀論語有讀了全然無事者有讀了後其中得一兩句喜者有讀了後知好之者有讀了後直有

不知手之舞之足之蹈之者

又曰學者當以論語孟子爲本論語孟子旣治則六經可不治而明矣讀書者當觀聖人所以作經之意與聖人所以用心聖人之所以至於聖人而吾之所以未至者所以未得者句句而求之晝誦而味之中夜而思之平其心易其氣闕其疑則聖人之意可見矣

又曰學者須將論語中諸弟子問處便作自已問聖人答處便作今日耳聞自然有得雖孔孟復生不過以此教人若能於語孟中深求玩味將來涵養成甚

生氣質

又曰凡看語孟且須熟讀玩味須將聖人言語切己不可只作一場話說人看得此二書切己終身儘多也

維禎按論語一書萬世道學之規矩準則也其言至正至當徹上徹下增一字則有餘減一字則不足道至乎此而盡矣學至乎此而極矣猶天地之無窮人在其中而不知其大通萬世而不變準四海而不違於乎大矣哉其語道則以仁爲宗以智爲要以義爲質以禮爲輔其語教人則曰博文約禮則曰文行忠

信而總之曰吾道一以貫之是其標的也雖後有聖者出亦不能易此而宋儒說論語專以仁義爲理而不知爲德之名以忠信爲用而不爲緊要之功甚者至於以論語爲未足而旁求之佗書或假釋老之說以資其言說其不得罪於孔門者殆鮮矣

又曰夫子以前雖教法略備然學問未開道德未明直至夫子然後道德學問初發揮得盡矣使萬世學者知專由仁義而行而種種鬼神卜筮之說皆以義理斷之不與道德相混故謂學問自夫子始斬新開闢可也孟子引宰我子貢有若三子之語曰賢於堯

舜遠矣又曰自生民以來未有盛於孔子也盖諸子嘗得親炙夫子而知其實度越乎羣聖人而後措詞如此愚斷以論語爲最上至極宇宙第一書爲此故也而漢唐以來人皆知六經之爲尊而不知論語之爲最尊而高出於六經之上或以易範爲祖或以學庸爲先不知論語一書其明道立教徹上徹下無復餘藴非佗經之可比也夫子之道所以終不大明於天下者職此之由愚頼天之靈得發明千載不傳之學於語孟二書故敢攄鄙見不必隱諱非臆說也

又曰夫道至正明白易知易從達於天下萬世而不

可須臾離故知之非難守之爲難守之非難樂之爲難若夫高遠不可及者非道隱僻不可知者非道何者非達於天下萬世而不可須臾離之道也一人知之而十人不能知之者非道一人行之而十人不能行之者非道何者非達於天下萬世而不可須臾離之道也苟知此則識吾夫子之德實度越乎羣聖人而吾夫子之道高超出乎萬世焉中庸曰考諸三王而不謬建諸天地而不悖質諸鬼神而無疑百世以俟聖人而不惑蓋贊夫子之德之學之功云然若夫高遠不可及隱僻不可知之説考之於三王則謬建

之於天地則悖推之於人情物理則皆不合可見宇宙之際本無此理而誣道之甚者也夫窮高則必返于卑極遠則必還于近返卑近而後其見始實矣何則知卑近之可恒居而高遠之非其所也所謂卑近者本非卑近卽平常之謂也實天下古今之所共由而人倫日用之所當然豈有高遠於此者乎彼厭卑近而喜高遠者豈足與語達於天下萬世而不可須臾離之道哉學者必知此然後可以讀論語矣

又曰欲學孔孟之道者當知二書之所同又知其所異也則於孔孟之本指自瞭然矣蓋天下所尊者二

曰道曰教道者何仁義是也教者何學問是也論語專言教而道在其中矣孟子專言道而教在其中矣其故何諸曰道者充滿宇宙貫徹古今無處不在無時不然至矣然不能使人自能趣于善故聖人爲之明彝倫倡仁義教之詩書禮樂以使人得爲聖爲賢而能開萬世大平皆教之功也故夫子專言教而道自在其中也而至於孟子時聖遠道湮異端蜂起各道其道莫能統一故孟子爲之明揭示仁義兩者而詔諸後世猶晝夜之互行寒暑之相代無偏無倚煥如日星使人無所迷惑七篇之內横說竪說其言若

異而無一非仁義之旨而其所謂存養擴充居仁由義之說皆以教而言故孟子專言道而教在其中也二書之言如有所異而實相爲用此其所同也此二書之要領學問之標的若於此欠理會卒不能得孔孟之門庭學者審諸

又曰孟子𢽾倡性善之說爲萬世道學之宗旨而孔子不言之者何哉葢人能從教則隨其所志所勤皆可以至於聖賢而性之美惡不暇論焉故雖無性善之說可矣故曰性相近也習相遠也夫自衆人至於堯舜其間相去奚翅千萬而夫子謂之相近者則孟

子所謂人皆可以爲堯舜之意故雖不言性善而性善自在其中矣謂夫子不言性善者非也孟子本以仁義爲其宗旨而其所以發性善之說者蓋爲自暴自棄者立其標榜使知所本耳蓋道至尊而教次之而其盡道受教者性之德也若使人之性如雞犬之無智焉則雖有善道莫得而入雖有善教莫得而從也惟其善故能盡道受教而之善也輕此孟子所以爲自暴自棄者發性善之説而亦莫不以教爲要何者倘專任其性而不學以充之則衆人焉耳愚人焉耳其卒或爲桀紂而止故曰苟不充之不足以事父

母又曰苟失其養無物不消皆言性之不可恃也專謂孟子倡性善之説爲道學之宗旨者後世學鶩虚遠視性甚高之所致而非孟子之本旨也

論語衆序附卷終

鳴謝

感謝相田滿先生爲本叢書《論語》卷作序
感謝早稻田大學圖書館特別資料室真島めぐみ女士提供圖片幫助